Era uma vez a literatura
E outros ensaios clássicos

SÉRIE BÁSICA

J. H. Dacanal

ERA UMA VEZ A LITERATURA

E OUTROS ENSAIOS CLÁSSICOS

4ª edição / Porto Alegre/RS / 2018

Capa e projeto gráfico: Marco Cena
Revisão: J. H. Dacanal
Coordenação editorial: Maitê Cena
Produção editorial: Bianca Diniz e Jorge Meura
Assessoramento gráfico: André Luis Alt

Dados Internacionais de Catalogação na Publicação (CIP)

D117e Dacanal, José Hildebrando
Era uma vez a literatura. / José Hildebrando Dacanal. – 4.ed.
Porto Alegre: BesouroBox, 2018.
248 p. ; 12,5 x 18,5 cm

ISBN: 978-85-5527-073-4

1. Linguagem brasileira. 2. Ensaios I. Título.

CDU 821.134.3(81-4)

Bibliotecária responsável Kátia Rosi Possobon CRB10/1782

Direitos de Publicação: © 2018 Edições BesouroBox Ltda.
Copyright © José Hildebrando Dacanal, 2018.

Todos os direitos desta edição reservados a
Edições BesouroBox Ltda.
Rua Brito Peixoto, 224 - CEP: 91030-400
Passo D'Areia - Porto Alegre - RS
Fone: (51) 3337.5620
www.besourobox.com.br

Impresso no Brasil / Abril de 2018

SUMÁRIO

Nota prévia...7

I - Era uma vez a literatura... 9

II - A literatura brasileira no século XX:
notas para uma leitura proveitosa............................ 27

III - O romance europeu e o romance
brasileiro do Modernismo... 69

IV - A desagregação da narrativa real naturalista:
crise cultural e ficção nos anos 70/80...................... 97

V - Grande Sertão: Veredas
a obra, a História e a crítica 111

VI - Regionalismo, universalismo e colonialismo 135

VII - A realidade em Kafka 145

VIII - Dependência cultural:
notas para uma definição.................................177

IX - Arte engajada: ópio do
pequeno burguês ilustrado em crise...............205

X - A crítica de arte na América Latina.........213

XI - A filosofia dos semicolonizados.............219

NOTA PRÉVIA

Escritos ao longo de mais de trinta anos e em condições tão díspares quanto a inocente e confiante insciência do mundo, o contido desespero diante de uma realidade adversa e impenetrável e a lúcida e resignada contemplação do passar do tempo e da vida, os ensaios aqui reunidos carregam as marcas de uma talvez espantosa, possivelmente rara e inegavelmente singular trajetória intelectual que me conduziu incólume do mundo agrário, primitivo e quase mítico da autossuficiente e fechada sociedade colonial-imigrante do noroeste do Rio Grande do Sul à perturbadora e planetária sociedade urbano-industrial das duas últimas décadas do segundo milênio.

Ao arguto leitor, se vier a existir, não passará despercebido que se sobreviveram, os ensaios e o Autor, cada um segundo sua natureza, foi porque a túnica de Clio implacável a todos os envolveu e envolve, qual teia por igual salvadora e condenatória.

Salvo algumas correções estilísticas e técnicas de pouca importância, os textos estão em sua versão original e integral, revelando cá e lá as marcas do tempo, ainda que quase sempre surpreendentemente tênues. Creio que apenas uma correção se impõe, seja em relação à minha visão atual, seja em relação à realidade objetiva, que, segundo tenho a pretensão, hoje se identificam.

Quase ao final de "A realidade em Kafka" está escrito que Freud "...retirou a base segura, o ponto de apoio sobre o qual descansavam a realidade empírica do mundo exterior e o interior do indivíduo..." etc.

Seja lá qual for o valor que mantenham hoje as teorias freudianas, não foi Freud que "...retirou a base segura..." etc. Freud, com suas teorias, apenas reflete uma época de desagregação, incerteza e crise do racionalismo clássico ocidental-europeu pós-renascentista.

J. H. Dacanal
Porto Alegre, julho de 2002.

NOTA À 4ª EDIÇÃO

Esta edição repete integralmente a edição de 2013.

J. H. D.
Porto Alegre, abril de 2018

ERA UMA VEZ A LITERATURA

Escrito há cerca de duas décadas, "Era uma vez a literatura..." continua temática e analiticamente irrepreensível e atual. Contudo, pela própria ação das intempestivas mudanças tecnológicas que aborda – e que depois tornar-se-iam ainda mais velozes, com o fenômeno da instantaneidade universal da imagem –, o ensaio adquiriu um sabor quase arqueológico. Esta, porém, é, como diriam os gregos, uma inevitável consequência da tékne, ou ferramental, a cujos efeitos a arte, literária ou outra, está imune – como símbolo que é, desde sempre e para sempre – depois de elaborada. Enquanto a natureza humana for a mesma... E aí estão os clássicos de Israel, da Hélade e de Roma para comprová-lo.

Ocorre, porém, que as condições históricas alteram as formas de produção da arte. E, inclusive, eliminam algumas destas formas, e criam outras. É isto que diz este ensaio. E nisto ele não envelheceu. Nem poderia.

ERA UMA VEZ A LITERATURA...

Nos últimos anos, com alguma frequência, têm aparecido em jornais e revistas ensaios e artigos que abordam o tema da *decadência* ou – talvez fosse melhor dizer – da *perda de importância da literatura* no Brasil contemporâneo.

De autoria de jornalistas, ficcionistas e professores universitários, tais textos estão perpassados de um tom lamentoso e não raro ressentido diante de uma realidade supostamente acabrunhadora e aparentemente sem saída. Interessantes e até mesmo significativas como necrológios – ainda que com cerca de duas décadas de atraso –, tais manifestações trazem o indelével sinete que no Brasil marcou sempre, com raras exceções, o que nas antigas sociedades letradas se chamava de *crítica literária*: a ausência de uma adequada visão de conjunto e a concepção a-histórica do fato literário – ou, genericamente, artístico.

Em outros termos: estes ensaios e artigos que lamentam a decadência ou a desimportância da literatura no Brasil atual descrevem apenas algumas árvores, sem analisar a floresta como um todo. Em consequência, não conseguem apreender o verdadeiro significado do fenômeno que corretamente identificam.

Na pretensão de sanar ou superar, digamos, tais *falhas* de perspectiva, este breve ensaio abordará o tema subdividindo-o, ordenadamente, em quatro partes:

– o significado do termo *literatura*;

– a função da literatura;

– a literatura no Brasil;

– as razões do cenário atual: *era uma vez a literatura...*

O significado do termo *literatura*

O termo *literatura* tem, neste ensaio, o mesmo sentido que possui, ou possuiu, nas sociedades letradas do Ocidente. Designa, portanto, aqueles produtos artísticos – ou simbólicos[1] – em que a palavra é a componente material essencial.

À parte discussões bizantinas sobre gêneros literários, a literatura se apresenta em três formas fundamentais: a

---

1 O que é arte? Eis uma pergunta cuja resposta demandaria, como já demandou tantos, um ou mais livros. Resumidamente, arte pode ser definida como *emoção aderida à matéria*. Ou símbolo (do grego symballo = lançar junto).

narração, o teatro e a lírica. Grosseiramente, o que as distingue e lhes dá especificidade é a maneira com que cada uma delas se relaciona com a realidade[2] – seu óbvio conteúdo – ao expressá-la: a primeira a narra, a segunda a representa e a terceira a faz objeto de meditação.

Assim, por *literatura* entende-se aqui a narrativa (ou ficção), que engloba a épica clássica, o romance, a novela e o conto; a peça de teatro, independente de ser tragédia, drama ou comédia; e o poema, tenha ele ou não metro, rima etc. Portanto, sempre que usado neste ensaio, o termo *literatura* designará, em conjunto ou isoladamente, estes três tipos básicos de atividade artística que têm como instrumento essencial a palavra. Vice-versa, quando for empregado o termo que designa um destes três tipos, fica pressuposto que o será como uma das partes componentes do todo, que é a *literatura*.

Como ficará patente ao longo deste ensaio, a narrativa (ou ficção) – e nela o romance – assume papel preponderante, por possuir, no caso do Brasil, uma importância quantitativa muito maior que as outras duas formas de produção literária. Este, porém, é um dado circunstancial que, se deve ser levado em conta, não afeta minimamente os pressupostos acima estabelecidos. Pelo contrário, deles decorre.

---

2 Ou mundo circundante.

A função da literatura

Identicamente ao que ocorre com todos os produtos do trabalho humano, a literatura – e, por extensão, toda arte – também possui uma função. Ou várias, no caso da mesma ser subdividida analiticamente.

Sem ignorar que tais funções aceitam classificações por outros parâmetros que não os aqui adotados,[3] parece adequado e conveniente à natureza do objeto analisado e à clareza da exposição afirmar que a função da literatura se divide em *psicológica, política* e *econômica*.

• A primeira[4] é aquela função que a literatura desempenha para o indivíduo tomado isoladamente, seja ele o autor, seja ele o ouvinte, o leitor ou o espectador. Considerando não ser a criação literária – ou artística – o objeto desta exposição, pode-se elidir sumariamente este item.

• A segunda é aquela função que, extrapolando a esfera do estritamente individual/psicológico, se liga à do fenômeno político, isto é, ao existir coletivo e às formas de vida da comunidade ou do grupo como um todo e não apenas às de indivíduos isolados que os compõem.

A função política da literatura – e, por extensão, de toda arte – se manifesta, pois, quando a obra passa a ser um ponto de referência no contexto das relações histórico--sociais em que nasce, atuando, direta ou indiretamente,

---

3 Em subjetivas e objetivas, materiais e abstratas etc.

4 Os parágrafos a seguir fazem parte de um ensaio sobre a *natureza da narrativa* que deveria ter sido apresentado como tese de doutorado em Literatura Brasileira. E nunca foi, por injunções que aqui não vêm ao caso.

como elo de ligação entre a totalidade ou parte dos indivíduos que compõem a comunidade ou o grupo. Em que *níveis*, em que *sentido* e sob que *forma* se configura esta função política da literatura? Basicamente em três níveis, em dois sentidos e sob três formas.

A função política da literatura se manifesta em três *níveis*: o linguístico, o ético (comportamental) e o ideológico. Em outras palavras, toda obra literária transforma-se automaticamente em um ponto de referência no contexto das relações histórico-sociais em que surge, estabelecendo, direta ou indiretamente, uma ponte entre ela e os valores do grupo no plano da língua, dos comportamentos e da visão de mundo.

Evidentemente, o *sentido*, ou direção, em que atua esta função política não é único, podendo ser de afirmação ou de contestação. Assim, ela se revela tanto na aceitação ingênua ou implícita da ordem vigente quanto no ataque explícito e panfletário à mesma. E na infinidade de matizes intermediários que podem ocorrer, e de fato ocorrem, entre os dois extremos.

Finalmente, o terceiro ponto importante a ser mencionado é a *forma* como se constrói ou se manifesta esta função política, podendo ser espontânea, induzida ou claramente manipulada. A forma espontânea é aquela em que um grupo elege, levado simplesmente pelo processo de identificação e sem qualquer acordo prévio, uma obra literária ou um conjunto delas como parâmetro, seja em que nível e em que sentido for. A forma induzida pressupõe já uma intencionalidade pelo menos implícita – das estruturas do poder político, é evidente – e o favorecimento desta ou daquela obra ou deste ou daquele conjunto de obras em detrimento de outras ou de outros. Por fim, a forma manipulada é aquela em que ocorre o uso explícito e direto de uma obra literária ou de um conjunto delas como instrumento de ação e de luta políticas.

Considerando estes três níveis, os dois sentidos e as três formas em suas possibilidades de combinação, longa e quase interminável seria a lista dos exemplos de função política desempenhada por obras literárias ao longo dos séculos – mesmo que estes séculos sejam apenas os da tradição ocidental. É conhecido, por exemplo, o amplo e profundo papel pedagógico – o que significa abranger todos os três níveis citados – desempenhado pela *Ilíada* e pela *Odisseia* na sociedade grega durante os quatro ou cinco séculos que precederam seu apogeu e a importância sociopolítico-cultural dos três grandes dramaturgos atenienses – Ésquilo, Sófocles e Eurípides – no contexto da cultura ática.

Muitos outros exemplos podem ser referidos, bem menos longínquos, ainda que, talvez, mais modestos. Assim, já no início da Idade Moderna, à chamada *narrativa picaresca* e ao *D. Quixote* de Cervantes coube função essencial na consolidação do castelhano como língua dominante e, portanto, como instrumento nada desprezível no processo de centralização administrativa e de unificação da Espanha. Sem contar a influência exercida por esta obra de Cervantes no nível especificamente ideológico como sátira explícita às novelas de cavalaria e, portanto, às velhas e caducas estruturas feudais do país. Quase o mesmo, ainda que dentro de outras coordenadas históricas, pode-se dizer de *A divina comédia*, de Dante, na baixa Idade Média italiana, ou de Shakespeare, na Inglaterra, à mesma época de Cervantes.

E quem não conhece o relevante papel desempenhado pelo romance russo na segunda metade do século XIX e nas duas primeiras décadas do século XX no caldeirão ideológico-político da sociedade russa? Ou o uso explícito do chamado *realismo socialista* como instrumento de ação política no período pós-revolucionário?

• A terceira e última função da literatura – e, mais uma vez, de toda arte – é aquela que se materializa quando a obra entra no sistema de trocas econômicas, passando a ter determinado valor no mercado.

Esta função, por mais que alguns ingenuamente a ignorem e outros equivocadamente a neguem, sempre existiu, assumindo as mais variadas formas, das quais são pontos extremos o primitivo sistema de escambo ou doação – o *aedo*, cantor, trovador ou repentista que recebe alimentação ou algum valor monetário – e o atual e, em alguns países, altamente organizado sistema de produção de *best-sellers* descartáveis.

Considerando que, como a primeira, esta terceira função da literatura não está diretamente ligada ao tema desta exposição, também ela não será objeto de uma análise mais acurada.

A literatura no Brasil

Nas sociedades coloniais do continente americano formadas a partir da ocupação ibérica, a posse da terra e o domínio da língua – como capacidade retórica, oral e, principalmente, escrita – representaram sempre os dois mais consistentes e seguros instrumentos de poder ao longo de aproximadamente quatro séculos.

E, quase no alvorecer do terceiro milênio, em não poucas regiões do espaço continental o cenário permanece ainda inalterado.

Assim foi porque tinha que ser. Nascidas de um amálgama de cobiça incoercível e fervor messiânico de uma reduzida e empobrecida casta impregnada de ideais teocrático-militares (Espanha) e de um ambicioso projeto aristocrático-mercantil de expansão (Portugal), estas sociedades coloniais permaneceram, fosse por suas próprias características, fosse pela progressiva decadência das metrópoles, completamente à margem da revolução industrial e de suas consequências nos séculos XVIII e XIX. Neste contexto, a terra dos grandes proprietários e a ilustração dos burocratas da administração e dos membros da Igreja foram sempre os únicos sinônimos de poder.

Considerando-se que a população era analfabeta em sua quase totalidade, é fácil entender por que a casta dos letrados desempenhou, ao longo dos séculos, um papel histórico e político de tamanha importância. E é fácil entender também por que no Brasil a função política da literatura adquiriu, ao longo dos séculos XIX e XX, dimensão e importância tais que, na história do Ocidente pós-renascentista, talvez só encontrem termo de comparação na França da Ilustração e das décadas pós-napoleônicas.

Com efeito, deixando de lado a *época colonial* propriamente dita,[5] quem, com olhar perspicaz e atento, se debruçar sobre a história do país logo perceberá a estreita conexão entre os momentos de vigoroso florescimento da arte literária e os períodos de profundas e rápidas mudanças econômicas, sociais, políticas e ideológicas. Mais do que isto, perceberá logo também que esta estrita conexão não se limita ao elemento temporal, abrangendo também – e não raro de maneira explícita – o plano da temática e até da forma.

No âmbito deste ensaio, por natureza conciso e exploratório, não será possível aprofundar a análise do tema. Contudo, a ligação entre o que se poderia chamar de *tensão histórico-social* e *florescimento artístico-literário* é tão evidente que – entre outros menos importantes – podem ser listados num relance pelo menos seis ciclos em que o intenso florescimento da literatura coincide temporal e tematicamente com um momento decisivo da história do país:

- O nascimento, de um lado, do teatro e da ficção de temática urbana que estendem um véu sobre

---

5 Nela, como em todas as sociedades proto-urbanas ou mercantil-agrárias, a arquitetura é a arte cuja função política adquiriu especial relevo.

a existência do sistema escravista (Almeida, Macedo, Alencar) e, de outro, o surgimento de obras fortemente impregnadas de uma preocupação nacionalista (Gonçalves de Magalhães, Gonçalves Dias, Alencar) coincidem, nas três férteis décadas de 1840 a 1870, com a formação e a consolidação do Império, com a hegemonia dos escravocratas do vale do Paraíba do Sul e com a elevação de Rio de Janeiro a capital do Sudeste – e do país.

• O extraordinário surto, nas duas últimas décadas do século XIX, de uma ficção de temática não apenas socialmente comprometida como também de tom corrosivo e demolidor (Machado de Assis, Aluísio Azevedo, Raul Pompéia, Adolfo Caminha e, um pouco depois, Lima Barreto) e o nascimento de uma lírica engajada (Castro Alves, Álvares de Azevedo),[6] tão frágil no plano artístico quanto agressiva e altissonante no plano político, são o contraponto explícito à desintegração da economia agrário-escravista do vale do Paraíba do Sul, ao fim do Império e às convulsões republicanas, espasmos de uma era que estava a findar.

• A explosão criadora, profundamente renovadora em sua concepção não raro anárquica, dos chamados *modernistas*, em São Paulo, na década de 1920, quando autores como Mário e Oswald de Andrade, entre outros, produziram obras que se transformaram em verdadeiros símbolos tanto da desagregração do Brasil

---

6 Ver, por exemplo, o poema "Pedro Ivo".

antigo, dependente e agrário, quanto dos prenúncios do Brasil moderno, industrial e urbano, cuja história então começava.

• O mais produtivo – se não o mais importante – ciclo da ficção brasileira que se inicia em 1928 com *A bagaceira* (José Américo de Almeida) e que foi chamado de romance de 30 se caracteriza por obras-primas[7] que retratam, de forma vigorosa e sob uma ótica realista e crítica, as regiões agrárias próximas do litoral, apresentando uma nova face da nação num momento em que, não por mera coincidência, a Revolução de 30 significava o fim da hegemonia do Sudeste cafeeiro, a reintegração negociada das províncias periféricas ao núcleo do poder central, o nascimento do moderno Estado Nacional brasileiro, política e administrativamente centralizado, e a industrialização planejada e/ou induzida.

• O aparecimento, na década de 1950, do movimento dito concretista (os irmãos Campos, Décio Pignatari etc.), com seu quase folclórico – e provinciano! – cosmopolitismo *à outrance,* e a publicação de *Grande sertão: veredas*, a primeira de uma série de obras-primas de ficção de temática caboclo-sertaneja,[8] simbolizam com perfeição o processo bifronte que marca aquela época: de um lado, a busca nervosa pela industrialização acelerada e pela integração do país no macrossistema

---

7 *O tempo e o vento, São Bernardo, Terras do sem-fim, Fogo morto, Bangüê, O quinze, Estrada nova, Vidas secas* etc.

8 *O coronel e o lobisomem, A pedra do reino, Os Guaianãs, Sargento Getúlio* e *Chapadão do Bugre*.

capitalista internacional e, de outro, a marcha rumo à conquista do vasto *hinterland*, de economia secularmente estagnada ou completamente inexplorado.

• Os ficcionistas e as obras que nas décadas de 1970/80 pululam como fungos por todos os espaços urbanos da região litorânea e que revelam, tanto no conteúdo quanto na forma, mundos em crise, estilhaçados e sem norte são produto e ao mesmo tempo parte indissociável do caos institucional, da violência política e da desintegração da ética pessoal e familiar resultantes da liquidação da era populista, da obsolescência dos mecanismos tradicionais de poder e do vertiginoso processo – via modernos meios de comunicação, produção e transporte – de consolidação e homogeneização definitiva do Brasil urbano, industrial e capitalista, marcado agora já não mais pelo domínio da letra mas pelo da imagem.

Era uma vez a literatura...

José de Alencar, em 1872, em seu prefácio a *Sonhos d'ouro*, afirmou que a literatura é "a alma da Pátria...", sublinhando assim, no tom próprio da época, a evidência de que toda arte carrega em si, transmutada em símbolos, a história da comunidade em que nasce.

Com efeito, segundo o que se pode observar nos seis *ciclos* tosca e sinteticamente delineados acima, a função política da literatura assumiu no Brasil, ao longo de um século e meio, importância e profundidade tais que ela, a literatura, erigiu-se soberana como espelho e imagem da nação, detectando e registrando o pulsar do corpo social e, circularmente, sobre ele influindo de maneira por vezes direta e decisiva.

Numa sociedade basicamente agrária, na qual uma numericamente minúscula elite proprietária e/ou letrada, concentrada em alguns núcleos urbanos da costa, detinha o poder sobre uma absoluta maioria de analfabetos e semianalfabetos, não é de admirar que assim tenha sido.

Mas já não é. Lento e quase imperceptível no início, o processo de erosão que faria vir abaixo o pedestal sobre o qual a literatura reinava absoluta já pode ser captado na década de 1920, quando, no meio da avalanche dos textos ditos *modernistas*, a pintura – como que prenunciando a natureza da ameaça – reivindicava timidamente ter reconhecida sua capacidade de também ser espelho e imagem da nação.

Nas três décadas seguintes, com o avanço da industrialização e a progressiva urbanização do país e com a consequente ampliação do ensino em todos os níveis, a alfabetização perdeu sua aura de privilégio mas a literatura continuou restrita aos círculos da elite proprietária e/ou letrada, preservando assim a exclusividade de ser espelho e imagem da nação.

O surgimento e a popularização do rádio e do cinema em nada alteraram o cenário. É verdade que o primeiro foi veículo de divulgação, através da música, de alguns grandes líricos "populares", em particular cariocas, e o segundo teve rápido e intenso florescimento, atingindo ambos, se não a totalidade, pelo menos parte considerável da população urbana de então. Mas eram *meios de massa* – na precisa definição norte-americana –, e a velha elite proprietária e/ou letrada estava deles ausente ou permanecia a eles indiferente. Tanto é verdade que a lírica "popular" carioca nunca foi considerada literatura e o cinema produziu, com exceções tão raras que podem ser desconsideradas, apenas comédias e/ou paródias de filmes norte-americanos, com temas sempre inconsequentes e popularescos. Literatura ainda era outra coisa...

Mas as mudanças avançavam em ritmo acelerado e os velhos diques já não podiam mais conter a avalanche dos novos tempos. O estouro ocorre com o surgimento, na década de 1960, do *cinema novo*, da *bossa nova*, da *canção de protesto* e do *tropicalismo*, movimentos que sinalizavam a presença de uma nova elite artística/intelectual urbana, não-tradicional e pós-letrada, disposta a intervir no processo político-cultural utilizando-se dos novos veículos e adequando-se rapidamente à nova era, a era dos *mass media*. Ou, em outros termos, ao novo Brasil urbano e industrial que então surgia. Eis aí o ângulo mais fecundo e adequado para analisar em profundidade tais movimentos, objetivo, porém, que não é o deste ensaio.

No que tange à literatura, foi naquela década que ela recebeu a primeira estocada mortal. Decididamente, ela perdera o privilégio de ser, solitariamente, espelho e imagem da nação. Outros atores haviam irrompido no palco para reivindicar e desempenhar tal função.[9]

Mas o pior ainda estava por vir, pois é na década seguinte que ocorre o golpe definitivo. A montagem do sistema de telecomunicações, que se estende como uma teia por todo o país, a criação das grandes redes de televisão e a consolidação das telenovelas – assistidas por dezenas de milhões de pessoas de todas as faixas econômicas, sociais, culturais e etárias e transformadas no novo espelho e na nova imagem da nação – liquidaram a importância da função política da literatura, relegando-a a lembrança de um passado historicamente remoto, ainda que cronologicamente recente.

Este foi um processo traumático. Em primeiro lugar porque, no plano do que se convencionou chamar de *patamar tecnológico*, o salto deu-se de forma repentina e violenta, configurando uma queima de etapas que em poucos anos destruiu, subverteu e transformou uma sociedade predominantemente agrária e ágrafa e parcialmente primitiva, jogando-a bruscamente na era das comunicações instantâneas, da globalização dos mercados, do computador e da biotecnologia. Neste contexto,[10] não apenas a função política da

---

9 Este artigo estava redigido há cerca de meio ano, quando, na edição de 27/7/94, a revista *Veja*, em matéria sobre a novela *Pátria minha*, de Gilberto Braga, trouxe como título a seguinte frase: *A cara do país no espelho da TV.*

10 Em termos precisos e rigorosos, não é a *função política* da literatura que desaparece. Esta função é parte intrínseca de qualquer produção artística, não podendo, portanto, ser eliminada. O que fica reduzida ou se torna praticamente nula é a *importância* desta função política.

literatura praticamente desapareceu como também, por decorrência, se esfumou no ar a função social dos literatos do litoral, a qual tinha por base o domínio da informação difundida através da letra numa sociedade pré-industrial.

Em segundo porque – erodindo o privilégio da letra e dos letrados – a imagem da televisão universalizou e democratizou a informação, provocando tal impacto e gerando tais mudanças que se tornava secundário o fato de que ela o fizesse, não raro, de forma superficial e destorcida. Não foi mero acaso que na década de 1970 escritores, artistas e intelectuais – principalmente os medíocres! – demonstrassem tanta resistência e tanto desprezo pela televisão e pelas novelas... Limitados, certamente, mas não totalmente estúpidos, eles percebiam instintivamente de onde vinha a ameaça a seus privilégios seculares, próprios de uma sociedade pré-industrial composta majoritariamente de analfabetos e semianalfabetos. *"Era uma vez a literatura..."* tornava-se a partir daí uma espécie de estribilho a perturbar o sono até então tranquilo dos literatos e seus assemelhados...

É indiscutível que, mesmo na era da imagem e dos *mass media*, a literatura preservará, como toda arte, sua função de símbolo e documento do passado e desempenhará – enquanto a Humanidade for a mesma – o papel pedagógico que sempre a caracterizou, não apenas no sentido restrito da sala de aula mas principalmente no sentido amplo e universal de instrumento de aquisição de conhecimento e de diferenciação da elite em relação à massa, mantendo-se, pois, como relicário da língua e como um espelho monumental do passado da nação.

Por outra parte, a função econômica da literatura – principalmente da ficção – tende a crescer e a destacar-se cada vez mais, profissionalizando e enriquecendo autores talentosos – de permeio com outros nem tanto! – e transformando-se em instrumento de acumulação de capital para editores atilados e com visão empresarial. Afinal, mesmo na era da imagem, o hábito de se ler uma boa história não desaparecerá tão cedo...

Mas a literatura já não é e jamais será novamente a "alma da Pátria..." E expressar a nostalgia de uma época morta é a derradeira função dos literatos brasileiros do passado. A História não perdoa e só eles não sabem que deixaram de existir. E que não terão herdeiros...

(1994)

A LITERATURA BRASILEIRA NO SÉCULO XX: NOTAS PARA UMA LEITURA PROVEITOSA

Projetado no início na década de 1980 como um roteiro para auxiliar meus então alunos na Universidade Federal do Rio Grande do Sul, "A literatura brasileira no século XX..." transformou-se em uma mini-história da produção literária brasileira e da própria cultura letrada do país. Passadas mais de três décadas, praticamente nada há nele a alterar. Por outro lado, apesar de ser – descontada a agressividade estilística – irrepreensível como análise técnica e único como perspectiva histórica, ao relê-lo tenho a sensação de que é hoje um texto inútil, muito mais do que o foi à época. Pois se então poucos o entenderam, hoje ninguém mais parece estar interessado nas questões nele analisadas.

Porque é indiscutível que os alucinantes e sucessivos saltos tecnológicos ocorridos a partir das duas últimas décadas do século XX provocaram funda ruptura cultural/civilizatória na sociedade brasileira, ruptura esta potencializada pelo espantoso crescimento demográfico – mais de 100.000.000 em quatro décadas! E nenhuma estrutura pedagógica/educacional/civilizatória poderia resistir a esta monstruosa avalanche bárbara. Em outros termos e no que aqui, restritamente, importa: se na segunda metade do século XX os velhos literatos estavam defasados, hoje eles já não mais existem. E os novos, paradoxalmente ainda mais limitados em sua visão histórica, deliciam-se com questões perfunctórias, e assim falam apenas para si próprios.

A LITERATURA BRASILEIRA NO SÉCULO XX:
NOTAS PARA UMA LEITURA PROVEITOSA

Introdução

Em setembro de 1978 fui preso, num episódio que, fosse pelo suspeito, fosse pelos motivos, não passou de um – para o agente! – lamentável engano que não durou mais de uma hora. Fazendo largo uso de minha retórica literária, em boa hora – ao contrário de Demóstenes na *Oração da coroa*! – apoiada não nas armas de Felipe mas no insuspeitíssimo testemunho de um delegado de Polícia e ex-diretor do DOPS gaúcho, livrei-me de uma situação que poderia, talvez, ter evoluído dramaticamente, como o passado recente o comprovava.

Do ocorrido, além do susto, restou-me uma inolvidável lição sobre a importância dos literatos no Brasil. Depois de encostar-me, literalmente, na parede, o agente que efetuara a prisão e que comandava o interrogatório passou a exigir os dados pessoais do, digamos, suspeito. Ao detalhar o item *profissão*, perguntou, feroz: "De que é que o sr. é professor?". Ao que respondi, com uma suavidade que por certo deliciaria os adeptos do *plaisir du texte*: "De literatura". E então o agente, entre incrédulo e decepcionado, gritou: "Só literatura?!"

Só literatura. Em seu manual de instruções certamente não constava a possibilidade de que alguém dedicado às delicadas lides literárias fosse capaz de praticar atos politicamente suspeitos.[11] E assim, com o providencial testemunho do citado delegado – que, aliás, anos antes me solicitara um artigo sobre literatura para a revista da União Gaúcha dos Policiais Civis![12] –, todo o episódio transformou-se, para o agente, em um lamentável equívoco que não deve ter pesado muito favoravelmente em futuras promoções. A operação fora um fracasso. Coitado, talvez não lhe servisse de consolo saber que a razão histórica estava de seu lado e que as convicções de seus chefes estribavam-se em um sólido *corpus* de provas irrefutáveis colhidas ao longo de mais de um século!

De fato, ocupar-se de literatura, no Brasil, foi tido sempre como algo superior e ameno, desligado da sujeira

---

11 Lá devia constar – em edição da década de 1960, é claro! – uma lista, em ordem de periculosidade decrescente, mais ou menos assim: política, sociologia, história, economia, arquitetura, filosofia, direito e medicina. Com possíveis variantes regionais!

12 O artigo, hoje guardado zelosamente como prova, versou sobre "a concepção burguesa da vida na lírica de Tomás Antonio Gonzaga"!

da História e próprio de espíritos eleitos capazes de pairar – realmente! – bem acima do comum dos mortais. Tal concepção, que começou a ruir definitivamente na década de 1970, assentava, como tudo, suas raízes na história do país e de suas elites dirigentes.

Claro, não é mera coincidência que tenha sido no momento da inserção definitiva daquele e destas na estrutura do capitalismo industrial internacional que começou a delinear-se no horizonte o irreversível ocaso dos literatos e de suas frágeis, pretensiosas e, agora, inúteis elucubrações, varridas por novos elementos manipulados por novos figurantes: os multiplicadores, os índices e as *performances* dos economistas, estatísticos e administradores.

Por isto, qualquer análise, por tosca e incompleta que seja, que pretenda lançar alguma luz sobre a produção literária brasileira deste século tem como tarefa primeira e inadiável arredar o lixo acumulado durante tanto tempo e que continua presente em mentes e manuais, às quais e aos quais a lógica e o bom senso parecem arredios. Mas vamos por partes.

I – Ler e escrever como privilégio

Não se trata de ver eticamente o passado. Este não é bom nem ruim, é apenas um fato. E é um fato que a formação das colônias dos impérios ibéricos no continente e a evolução das unidades nacionais que nasceram de sua desagregação determinaram que o ato de ler e escrever fosse um privilégio, que se manteve com maior ou menor vigor até que o processo de industrialização impusesse sua própria racionalidade. Um privilégio em si, reservado aos integrantes das classes dominantes, ou, então, a melhor forma de adquirir um grande privilégio: o de servi--las, para o que era necessário – e nem poderia ser diferente – introjetar seus valores e defender seus interesses.

Na estrutura social da fase colonial sabiam ler e escrever apenas os representantes do poder metropolitano, fossem eles funcionários diretos da administração civil, fossem eles integrantes da estrutura paralela de poder que era a Igreja, a qual – velha herança da história da formação dos Estados nacionais ibéricos – era a responsável direta pelo que hoje o jargão universitário chama de *discurso ideológico*, quer dizer, pela montagem coerente e pela verbalização clara de uma visão de mundo legitimadora dos interesses da aristocracia ibérica e, óbvio, da própria Igreja.

No processo de substituição da hegemonia ibérica pela dos impérios coloniais capitalistas emergentes, muitos dos que sabiam ler e escrever, fossem leigos ou eclesiásticos, exerceram, como se sabe, papel fundamental na divulgação das ideias liberais/subversivas trazidas da Inglaterra, da França e – bons tempos aqueles! – dos Estados Unidos.

Contudo, esta função de contestação exercida pelos letrados ao final da fase colonial não foi de ataque à estrutura do poder vigente internamente mas sim ao fato deste poder existir como delegação metropolitana.

Não poderia ser diferente. Afinal, os letrados, mesmo contestadores, eram da própria classe dirigente e viriam a sê-la ou, mais comumente, a servi-la a partir da efetivação do rompimento administrativo com as metrópoles ibéricas.

Ultrapassada a fase de transição e consolidados os Estados nacionais semicoloniais do continente, sob o controle dos centros capitalistas europeus – com exceção de algumas áreas do Caribe, que passaram diretamente para a esfera de influência dos Estados Unidos –, o privilégio de ler e escrever deixou rapidamente de caracterizar indivíduos perturbadores da ordem vigente e passou, pelo contrário e por natural consequência, a identificar os que a personificavam ou os que colaboravam para mantê-la.

Responsáveis pela ordem vigente, dela nascidos ou nela integrados, como poderiam os letrados do mundo semicolonial do continente voltar-se contra ela? Seria provocar sua própria e implacável destruição. Pois aqui – ao contrário da Europa, onde a ampliação do conhecimento em todas as áreas identificava a maré montante da ordem liberal-capitalista que ia explodindo aos poucos os diques dos privilégios aristocráticos – transcorreria um século ou mais antes que os letrados, como grupo, voltassem a exercer um papel crítico ou até contestatório diante da realidade. Não por coincidência, é claro, em dois momentos também de transição: o da crise do velho sistema semicolonial nas primeiras décadas do século XX e, mais recentemente, o da redefinição da ordem hegemônica externa – a ascensão dos Estados Unidos – e da reordenação interna da sociedade de classes, reordenação resultante do acelerado processo de industrialização das últimas décadas deste mesmo século.

II – A ideologia dos literatos

O estudo aprofundado do que se poderia chamar de *ideologia literária brasileira*, isto é, a visão de mundo explícita e implícita presente na produção teórica dos literatos[13] brasileiros a partir de José de Alencar, ainda não foi feito. As observações a seguir, portanto, devem ser consideradas apenas como provisórias.

De qualquer forma, a importância de Alencar como ensaísta e publicista procede do fato de ele não ser simplesmente um literato mas, muito antes, um letrado. Um letrado integrante da elite dirigente do Império e que usa o ensaio literário[14] como arma política. Neste sentido, ele parte da premissa implícita de que toda nação tem uma literatura. Ora, se o Brasil era uma nação – *tinha que ser*, pois a classe dirigente do litoral necessitava legitimar-se como tal e, para tanto, apresentar-se como portadora do destino nacional –, a conclusão era

---

13 Neste artigo faz-se uma distinção clara entre *letrado* e *literato*. O primeiro é sinônimo de intelectual, genericamente, de membro da *intelligentsia*. O segundo é aquele *letrado* que se ocupou ou se ocupa diretamente da análise da produção literária de uma sociedade, no caso, a brasileira.

14 E sua própria produção no campo da ficção.

óbvia: o Brasil tinha que ter uma literatura nacional. Esta, fechando o círculo do raciocínio, tornava-se a prova, por evidência, da existência da nação.[15]

Ultrapassada esta fase crítica e estabelecida a premissa segundo a qual a história literária confundia-se – *tinha que se confundir*! – com a história do país, e esta, bem entendido, com a história da classe dirigente, os burocratas da produção literária passam a identificar-se com a visão ideológica da elite dirigente europeizada que habitava os aglomerados urbanos da costa[16] e organizam a produção literária a partir de conceitos importados da Europa, que são aplicados à força a uma realidade totalmente estranha e heterogênea.

A partir daí, também, a função do literato perde qualquer importância histórica, tornando-se um repetidor de esquemas sem qualquer valor. Ao se mumificarem, saem à cata de *manifestações nativistas* nas produções literárias anteriores à Independência – para provar, obviamente, que a *consciência nacional*, legitimadora das elites dirigentes do Império, já existia antes delas existirem! Um trabalho que não incomodava a estas e que até lhes podia ser útil. Mas perto das exemplares construções ideológicas de Varnhagen e, depois, de Oliveira Vianna, os literatos e suas elucubrações perdiam qualquer importância. Além do mais, para

---

15 Seu projeto, ambicioso e fracassado, foi o de mapear o país em seus romances.

16 É então que nasce a questão do *regional* x *universal*. V. "Regionalismo, colonialismo e universalismo", adiante, p. 141.

demonstrar que o privilégio de ler e escrever começara tênue mas firmemente a alcançar outros grupos sociais que não a elite e seus serviçais, ao avançar a segunda metade do século XIX aqui e ali apareceram alguns exemplares de letrados dissidentes que faziam contraponto às construções ideológicas oficiais. Os discursos de Joaquim Nabuco, os ensaios de Euclides da Cunha e, já no início do século seguinte, as crônicas de Lima Barreto são os melhores exemplos.

Na agitação dos anos de 1920, porém, romancistas e poetas, que eram também ensaístas e publicistas, como Mário e Oswald de Andrade, perceberam muito bem que sua atividade só adquiriria importância se referida diretamente à realidade histórica e social. Passada a crise, contudo, sua influência se diluiu rapidamente. Era natural. A importância dos literatos no contexto histórico do país tendia a ser nula a partir do momento em que a estrutura de poder baseada na posse da terra – que caracterizara o Império e as primeiras décadas da República – começava a ser contestada por grupos que detinham um conhecimento científico adquirido fosse nas escolas militares, fosse nas escolas técnicas que então começavam a proliferar. Ler e escrever ainda era um privilégio – e continuaria a sê-lo por muito tempo e até hoje – mas não mais definia socialmente um função áulica. Pelo contrário, começava a identificar os atores de novos grupos sociais emergentes que dele faziam um instrumento de contestação ao poder das velhas oligarquias moribundas.

Tudo isto não impediu que a concepção a-histórica tradicional que sempre marcara as análises da produção literária brasileira atingisse seu ápice na década de 1950 com a publicação da *summa* do idealismo literário brasileiro: a *Introdução à literatura no Brasil*, de Afrânio Coutinho, a consagração definitiva da *periodização por estilos*.

Coincidentemente, pela mesma época era publicada uma obra como *Grande sertão: veredas*, sem dúvida uma prova irrefutável da completa inadequação da teoria da *periodização por estilos* à produção literária do país. Mas os literatos nada notaram e os manuais continuaram – e continuam! – a referir as antiquíssimas, tediosas, rarefeitas e insolúveis questões da *cor local*, da *obnubilação*, do *nativismo*, do *regional*, do *universal*, dos *períodos literários* e de suas *características estilísticas*. Mumificados, os literatos continuavam a pensar que ler e escrever era um privilégio que lhes permitia servir às elites dirigentes... do século XIX! O Império não acabara, a Inglaterra imperial não afundara, a Revolução de 30 não ocorrera e o Brasil não se industrializara! Não era de admirar. Afinal, desde Alencar pouca importância tinham e pouca importância tinha que não tivessem percebido o passar do tempo.

A crise geral dos anos de 1960/70, que levou toda a elite cultural do país a se descobrir *no* Brasil e *no* continente americano, com tudo o que isto significava, foi um divisor. Extremando a visão idealista tradicional, alguns literatos – os chamados *estruturalistas* – absolutizaram o texto literário e pretenderam submetê-lo a uma análise científica como se fosse algo de mensurável e quantificável. Um absurdo, evidentemente, mas que caracterizou muito bem o beco sem saída de uma concepção idealista da produção literária numa época de crise e de fuga à realidade.[17] Outros, percebendo o abismo que mediava entre a visão idealista e a realidade, partiram para uma análise decididamente histórica. Dois ensaios, entre outros e apesar das objeções que lhes possam ser feitas, marcaram época: *Literatura e subdesenvolvimento*, de Antonio Candido, e *Estética e ideologia: o modernismo em 1930*, de João Luiz Lafetá.[18]

Era o fim de uma era. Deixando – por uma questão de sobrevivência no contexto de um mundo em transformação – de ser literatos no sentido tradicional e passando a ver a literatura como produto de uma determinada sociedade num espaço e num tempo determinados, estes e outros ensaístas caracterizaram uma época, a época em que se percebeu que ler e escrever só pode existir como privilégio em uma sociedade pré-capitalista rigidamente estratificada em classes e que o literato, portanto, perdera há muito tempo sua função histórica de serviçal da classe dirigente. De fato, numa sociedade em que, pelas próprias exigências do processo de industrialização, a alfabetização tendia a ampliar-se

---

17 V. "A subideologia estruturalista", in: *Dependência, cultura e literatura*. São Paulo: Ática, 1978.

18 Publicados na revista *Argumento*, n.1 e 2, respectivamente, de outubro e novembro de 1973.

quantitativa e qualitativamente, redigir discursos ou elucubrar sobre o passado não era mais tão fundamental quanto fazer análises econômicas e cálculos estatísticos.

Ao pretender continuar exercendo um papel social de alguma relevância, o literato tinha que passar a ver a literatura como um produto histórico e a usá-la como arma política. Ou então a calar a boca, depois de perceber que sua função histórica perdera-se – um belo estilo é sempre um consolo! – nas distantes brumas do passado.

Era, de fato, o fim de uma era.

Hoje, quando o Brasil marcha, numa fria análise econômica, para tornar-se uma potência industrial,[19] aos literatos, ou aos que assim se pretenderem, restam – já que a loucura estruturalista passou de moda – poucas alternativas. Seja como for, sempre poderão escolher entre ou fazer suas análises levando em conta as realidades históricas ou escrever ensaios que ninguém lê – nem entende. Ou então aparecer nas colunas sociais, saída que está bem mais integrada do que se pensa na tradição do beletrismo caboclo, pois já dizia Afrânio Peixoto que "a literatura é o sorriso da sociedade"!

O futuro é incerto e imprevisível mas as estrelas parecem indicar não ser impossível que um agente do futuro venha anotar em seu manual de instruções o seguinte verbete:

---

19 Com todas as contradições e conflitos de uma nação integrante da periferia capitalista.

Literato: *s.m.* Membro da família dos letrados. Sempre considerado inofensivo e domesticável, nos últimos tempos tem apresentado sinais de uma possível mutação, caraterizados por uma agressividade crescente cujas causas não foram ainda detectadas. Sin.: crítico literário, professor de literatura.

III – A teoria dos manuais

A concepção teórica dos literatos tradicionais no Brasil – cristalizada nos manuais com suas *escolas* e *caraterísticas*[20] – é um conjunto heterogêneo de incongruências, das quais a fundamental é o pressuposto implícito de que é possível organizar o inorganizável e quantificar o inquantificável. Contudo, a ideia de uma suposta *ciência da arte* ou *ciência da literatura* é uma balela cuja exclusividade não pode ser atribuída aos literatos brasileiros. Ela é produto de um racionalismo decadente, que tem suas raízes nas pretensões do cientificismo europeu do século XIX, cujo desenvolvimento foi e é muito favorecido no contexto das burocratizadas sociedades industriais do presente, nas quais o pseudoconhecimento é validado pela folha de pagamento. Isto é, como os grupos dirigentes da sociedade tecnológica não podem livrar-se de segmentos tradicionais – que por terem sido importantes no passado continuam detendo uma considerável capacidade de pressão política –, aceitam que

---

20 Barroco, Arcadismo, Romantismo etc.

suas funções sejam mantidas. Tais segmentos, então, tendem, implícita ou explicitamente, a ser obrigados a produzir para justificar o ato de apropriação de uma parcela da riqueza nacional, materializada em salários muitas vezes elevados se consideradas as regalias adicionais de que usufruem.

Esta produção, contudo, quase sempre é *forçada*. Em primeiro lugar porque nasce da pressão gerada pelo exercício de uma função remunerada e não da necessidade vital de organizar o mundo e, em segundo, porque em determinadas áreas do conhecimento humano – e a das chamadas *humanidades* é típica – é praticamente impossível ir além de Tucídides, Aristóteles e Platão. Em consequência, a produção de pseudoconhecimento cresceu e tende a crescer desmesuradamente nas atuais sociedades industrialmente desenvolvidas, gerando *modas* que alimentam as editoras e os meios de comunicação. Assim fecha-se o círculo, no qual o pseudoconhecimento não precisa temer o *teste de valor*, pois a gratuidade descartável é a sua própria natureza.[21]

No que diz respeito especificamente às supostas *ciência da arte* e *ciência da literatura*, não passam de uma pretensão sem fundamento. Já Platão percebera um fato óbvio: o poeta – no sentido de *criador* – é incômodo para o legislador, pois sua atividade é, por

---

21 Na área da literatura e da arte parece que a última – ou seria já a penúltima ou a antepenúltima? – destas modas é a chamada *estética da recepção* – expressão, aliás, que é um belo pleonasmo! –, chegada recentemente da Europa, como nos velhos tempos, e que faz a delícia dos subliteratos colonizados da periferia.

natureza, imprevisível e inorganizável. No máximo, as chamadas *obras de arte* podem ser submetidas a um processo, sempre altamente discutível, de catalogação e/ou dissecação *a posteriori*, em termos de *história*. O resto é bobagem.

À parte isto, a visão tradicional dos literatos brasileiros apresenta três outras características, que talvez não lhes sejam exclusivas mas que, certamente, são os pilares básicos sobre os quais ela se sustenta e se explicita nos manuais: a partenogênese do texto, a ilogicidade dos conceitos e a teoria das influências.[22]

1 – A partenogênese do texto literário

Na visão tradicional[23] – na qual o ponto extremo é a *periodização por estilos* –, a produção literária nasce em uma obscura região do empíreo idealista, onde o som e a sujeira da História não chegam. Os *períodos* – e os *estilos* – se autogeram, possuidores que parecem ser de uma

---

22 Pode ser que alguém diga que estou gastando vela com defunto ruim. É possível, mas ocorre que a cada ano que passa estão aí as provas dos cursos supletivos e de muitas Universidades, federais e particulares, para provar que ruim pode ser mas que defunto ainda não é. Lamentavelmente, para alunos e professores.

23 Nelson Werneck Sodré é aqui desconsiderado, como, aliás, desconsiderado, e até execrado, o foi sempre pelo *establishment* dos literatos brasileiros. *História da Literatura Brasileira* é uma obra que pode ter muitos defeitos. Mas é o único manual que continua legível e é de grande utilidade até hoje. O sociologismo vulgar de que o acusam não é um defeito. Comparado a seus pares, é-lhe até uma qualidade. Seu problema principal reside, isto sim, no fato de utilizar, ingênua e acriticamente, os conceitos da periodização estilística tradicional sem submetê-los ao crivo da lógica. Tais conceitos não servem para nada e, no caso de Nelson Werneck Sodré, ainda entram em conflito direto com os pressupostos teóricos por ele utilizados, devendo ser tranquilamente ignorados.

completa autonomia. Em resumo, o texto literário é fruto de uma partenogênese e o conjunto destes textos constitui um *período*, que possui determinadas *características estilísticas*. Por sua vez, os *períodos* se sucedem uns aos outros, em sequência linear. Sequência que, ao ser analisada – função dos literatos! –, constitui a *história literária nacional*.

Esta concepção é totalmente incoerente e rui à primeira tentativa de testá-la na realidade. Além de não considerar, negando uma evidência elementar, a produção literária como integrante e produto de um contexto histórico, pressupõe também que o processo evolutivo da produção literária progrida homogênea e linearmente, o que, se invertido o raciocínio, levaria à conclusão de que a produção literária gera sociedades nacionais completamente homogêneas em termos econômicos, sociais e culturais. Pois, afinal, se a produção literária não é parte integrante do contexto histórico mas mesmo assim existe como *história literária nacional*, então ela deve ser causa de tudo, gerando uma sociedade nacional à sua imagem e semelhança...

Eis um amontoado de absurdos, aqui extremados, mas que podem também ser perfeitamente detectados nas consequências da segunda característica.

2 – A ilogicidade dos conceitos

Ao extrair as consequências de seus insustentáveis pressupostos idealistas, a visão tradicional referida é obrigada a praticar outro absurdo: a inversão do processo de conhecimento.

De fato, um conceito, numa análise classificatória de qualquer tipo, é, a rigor, uma tautologia. Assim, por exemplo, o conceito de *carnívoro* é apenas uma palavra que nomeia uma realidade observada e catalogada. Esta realidade é a existência de um número x de animais que comem carne, característica que os iguala – ou aproxima – e faz com que a cada um deles seja possível atribuir o qualificativo *carnívoro*, palavra, portanto, que é apenas a nomeação do real, que existe antes dela ser pronunciada e usada como categoria.

O que fizeram os literatos? Importaram conceitos nascidos em outro contexto e os aplicaram a uma realidade estranha e heterogênea, *obrigando esta a enquadrar-se no conceito*. Esta incongruência monstruosa fica clara quando os alunos de literatura são solicitados a citar e a exemplificar as características do romantismo, do realismo etc. Ou quando Afrânio Coutinho, em ensaio introdutório a *Memórias de um sargento de milícias* (Selo de Ouro, 1971), afirma:

"A tradição a que parece ligarem-se mais adequadamente as Memórias *ainda é à (sic) romântica. Não há uma só família romântica: há a do romance pessoal, a do romance histórico, a do romance da (sic) aventura, a do romance filosófico, a do romance campestre, ora tendências pessoais e íntimas, ora históricas e pitorescas, ora sentimentais, ora naturalistas, ora líricas, ora dramáticas, ora épicas."*

Em resumo, o conceito abrange tudo. Donde resulta – princípio de lógica elementar – que não define nada, não tendo, portanto, qualquer validade. Como se pretendia demonstrar...

De fato, não adianta! Martins Pena não tem nada a ver com Alencar, nem Macedo com Manuel Antônio de Almeida. Até *Lucíola* não tem nada a ver com *Iracema*! E assim por diante. No caso, as obras citadas refletem apenas um contexto histórico extremamente heterogêneo em termos econômicos, sociais e culturais e simplesmente não podem – sob pena de um atentado contra o bom senso e a lógica mais primária – ser enfiados num saco de gatos de um conceito estilístico qualquer.

3 – A explicação pelas influências

Como as demais, esta não resiste à análise lógica e é apenas mais uma pseudoexplicação. Não é necessário expor a aporia fundamental que está na base de um raciocínio deste tipo – qual seria a influência sofrida por quem influenciou, e assim sucessivamente – para perceber que, na prática, a explicação pelas influências é, no melhor dos casos, um simples truísmo, sendo nos outros desnecessária, equivocada ou claramente falaciosa.

É um truísmo afirmar, por exemplo, que a ficção brasileira do séc. XIX foi influenciada pela tradição da narrativa francesa ou inglesa. Ora, sendo a sociedade litorânea produto da expansão econômica europeia, é óbvio que tendesse, no plano das manifestações culturais, a dar continuidade, pelo menos *grosso modo*, aos modelos daquela. E uma obviedade não é uma explicação. Interessante seria – e é –, isto sim, investigar as possíveis alterações provocadas pela inserção de determinado modelo num contexto diverso daquele em que surgiu e determinar as causas que as geraram.

A suposta explicação pelas influências é desnecessária e não tem qualquer utilidade quando, para citar um exemplo, se faz uma aproximação entre a ficção norte-americana das décadas de 1920/30, marcada fortemente por uma temática social, com o chamado *romance de 30*. No máximo isto poderia levar à conclusão que os contextos históricos em que surgiram ambos possuíam certa semelhança. Mas a utilidade de tal método poderia ser defendida apenas por quem pretendesse estudar *também* a ficção norte-americana da época. Jamais por quem pretenda explicar a partir daí o *romance de 30*.

De qualquer forma, nos casos citados a explicação não chega a ser um grave equívoco ou uma clara falácia. Equívoco mesmo é, por exemplo, comparar João Guimarães Rosa a James Joyce ou até sugerir influências deste sobre aquele. Joyce não tem nada a ver com Guimarães Rosa. Basta ler corretamente *Ulisses* e *Grande sertão: veredas*. O que poderia aproximá-los seria o fato de procederem ambos a uma reelaboração linguística do português e do inglês (reelaboração, aliás, que em Guimarães Rosa é bem menos intensa do que parece à primeira vista – a não ser que se parta do pressuposto absurdo de que os caboclos do sertão brasileiro falavam como Rui Barbosa; talvez agora já falem como

Cid Moreira, mas é que o tempo é outro!). Neste caso, semelhança por semelhança, por que não dizer que Oswald de Andrade influenciou Joyce? Com a vantagem de que seria mais lógico e de que, mais uma vez, a Europa se curvaria perante o Brasil...

Contudo, a explicação pelas influências atinge o caráter de uma falácia ideologicamente bem urdida – lembranças de um tempo em que a retórica dos literatos ainda não afundara célere num ocaso de cores esmaecidas – quando obras como *O cortiço*, *O mulato*, *O Ateneu*, *A normalista*, *Bom-crioulo* e outras são consideradas produto da influência de Zola sobre os respectivos autores. Quer dizer, no Brasil os cortiços, os mulatos, os ateneus, as normalistas e os crioulos não existiam e tais autores não teriam escrito obras tão contundentes sobre tais temas se não tivessem lido – isto se o leram! – *Le roman expérimental*, de Zola. Ora, pois sim!

Como se vê, um amontoado de arrazoados absurdos que não podem ser levados a sério.

IV – Roteiro para uma leitura proveitosa

Para ler um romance, um conto, um poema ou uma peça de teatro não é necessária, em princípio, qualquer informação complementar externa aos mesmos. Desde que sejam inteligíveis,[24] é claro, o que pressupõe –

---

24 Inteligíveis, é óbvio, em primeiro lugar no plano da sintaxe e da semântica da língua. Porque é inegável que no Brasil de hoje há poetas – até alguns com

do leitor – conhecimento da língua, inserção numa tradição de valores socioculturais determinados, acúmulo maior ou menor de experiências vitais e de conhecimento intelectual etc. Isto definirá o gostar ou o não gostar. E aí pode-se colocar um ponto final.[25]

Diferente é o caso – em questão aqui – daqueles para quem o conhecimento da língua e da literatura representa um instrumento técnico, a ferramenta de um trabalho eficiente tendo em vista – por que não dizê-lo? – a sobrevivência econômica. Afinal, é isto que interessa, por mais que uma visão tão "vulgar" do problema possa desagradar aos cultores de um beletrismo tão ridículo quanto inútil dadas suas características pré-históricas.

Nesta perspectiva, é preciso partir de um ponto básico: o que interessa é a leitura do texto. Ao lixo, portanto, com os manuaizinhos incompetentes, as classificações incoerentes, as teorias obtusas, cujo único e reconhecido mérito é demonstrar a ignorância de seus autores, e as intermináveis listas telefônicas de autores terciários e quaternários. O essencial é a leitura do texto.

O passo seguinte é a discussão – ou dissertação – sobre o que foi lido. Fatalmente, neste estágio, surge a necessidade de entender com exatidão ou ampliar as

---

fama considerável – que são, neste plano, ininteligíveis. Eles, evidentemente, acreditam que não e argumentam que poesia moderna é assim. Como piada, é interessante.

25 Este é um tema para uma "introdução à teoria da arte", talvez útil, desde que expurgada do bolor e das teias de aranha dos manuais tradicionais.

informações quase sempre incompletas, elípticas ou "estranhas" que o texto fornece.

É então o momento de lançar o texto na *História*, que é o terceiro e último estágio de uma leitura pessoalmente proveitosa e tecnicamente eficiente. Este trabalho pressupõe, é claro, da parte do professor e dos alunos um mínimo de nível em termos de informação histórica. E, é natural, é bem mais fácil jogar na *História* um texto de ficção real-naturalista do que um poema, por exemplo. Pois é fácil mostrar a contradição entre as pretensões liberais e abolicionistas de Bernardo Guimarães em *A escrava Isaura* e o perfil da heroína ali delineado. Afinal – pobre Mendel! –, a suposta escrava é branca, linda, casa com um grande proprietário de terras e, salvo engano, toca piano e fala francês! Um tanto chato, o romance torna-se interessante exatamente a partir do momento em que se levanta este conflito – que escrava! – e se parte para a análise do contexto histórico e ideológico que o delimita e, ao mesmo tempo, explica. O mesmo ocorre com *Lucíola* – que tem que morrer ao final porque não há alternativa para a contradição criada por Alencar entre a percepção da injustiça social e a impossibilidade de uma crítica feroz ao estilo de Aluísio Azevedo em *O cortiço* – e *Senhora*, do mesmo autor, no qual o impasse gerado pela crítica ao patriarcalismo é solucionado num golpe de mágica em virtude da coincidência – mera coincidência! – de ser o marido comprado pela heroína o próprio homem que ela ama!

E assim por diante. A ficção do séc. XIX está cheia de obras semelhantes.

Mas com poemas também é possível trabalhar assim. A percepção da passagem do tempo em Bandeira ou Quintana e a descolonização intelectual em Affonso Romano de Sant'Anna – neste extraordinário poema que é "Rainer Maria Rilke e eu" – adquirem uma nova e extraordinária dimensão quando referidas ao contexto histórico.

Se tal procedimento é válido ou não em termos de teoria literária, se ele respeita ou não a famosa *literariedade do texto*, pouco interessa. São bizantinices que devem ser postas de lado. O que importa é sua funcionalidade técnica e seu resultado pedagógico. O resto não tem importância. E se tiver alguma é tão restrita que não faz mal nenhum desconsiderá-la se o objetivo for, como foi dito acima, realizar uma leitura pessoalmente proveitosa e tecnicamente eficiente.

No que se refere à produção literária brasileira do séc. XX, parece possível dividi-la em cinco grandes unidades. Evidentemente, estas divisões são precárias por vários motivos[26] e, apesar de poderem funcionar

---

26 O principal deles é que, em tal método, os autores que surgem isolados, sem integrarem um grupo generacional e historicamente bem definido, tendem a ser desconsiderados. Seria o caso, entre outros, de Nelson Rodrigues, o maior dramaturgo brasileiro de todos os tempos, de Octavio de Faria, com sua "estranha" *Tragédia burguesa* etc. Isto pode ser contornado pelo bom senso, pois o esquema proposto é *um entre muitos possíveis* e, ao contrário de outros, pode delimitar, mas, absolutamente, não limita. Como se parte do pressuposto de que o texto é fundamental, quem quiser ler ou analisar Nelson Rodrigues, por exemplo, simplesmente tome suas peças e a partir daí siga o método dos três estágios

didaticamente, devem ser vistas e utilizadas sempre com extrema desconfiança. E abandonadas ou substituídas por outras no caso de colaborarem para complicar em lugar de facilitar a leitura e o trabalho de compreensão dos textos.

As que são aqui apresentadas têm, pelo menos, um mérito fundamental: elas não são categorias ideais ou conceitos etéreos nas quais e nos quais os textos são introduzidos e enquadrados à força e à custa do mais elementar bom senso e da mais primária lógica. Não. Estas divisões são aqui a simples *identificação* – ou a tentativa de identificação – do contexto histórico que tais textos refletem, por terem, obviamente, nele sido gerados. As referidas divisões são as seguintes:

1 – O Rio de Janeiro no início do século XX: a crise do Brasil antigo e da cultura litorânea.

2 – São Paulo de 1910 a 1930: o nascimento do Brasil moderno e a "reatualização da consciência nacional".

3 – O *romance de 30*: a nova face da nação.

4 – A nova narrativa de temática agrária: o litoral invade o sertão.

5 – Os anos loucos: a crise da homogeneização industrial/capitalista.

---

citados. E certamente descobrirá, se tiver um mínimo de informação histórica, que o mencionado autor não é nada "universal", sendo, antes de tudo, muito brasileiro e carioca, com seus personagens machistas, reprimidos, moralistas, racistas etc.Afinal, é preciso ser muito limitado técnica e intelectualmente para chegar ao extremo de alguns manuais tradicionais de literatura brasileira que consideram, por exemplo, Martins Pena, Manuel Antônio de Almeida e Lima Barreto como exceções às suas "*escolas*"! Quando, na verdade, tais autores são os mais importantes da época em que viveram.

O desenvolvimento, mesmo sucinto, de cada um destes itens, alcançaria, pelo menos, a amplitude de um longo artigo. No contexto destas notas, porém, se resumirá em um breve comentário, com a eventual indicação de autores e textos considerados fundamentais, a ser complementado, necessariamente, por uma bibliografia específica apresentada no final de cada item.

1 – O Rio de Janeiro no início do século XX: a crise do Brasil antigo e da cultura litorânea

A progressiva desativação da economia cafeeira do Vale do Paraíba do Sul, a crise do Império e a eliminação do estatuto escravista, sobre o qual ele se assentava, o nascimento de um estamento tecnocrático-militar que começava a contestar a legitimidade do poder baseado sobre a posse da terra, a agitação política materializada na campanha republicana e nas convulsões sociais da última década do século, a inflação galopante, o crescimento da cidade e o considerável aumento numérico do que se poderia chamar de uma "incipiente classe média", já armada de razoável instrumental crítico, tudo isto fez do Rio de Janeiro do fim do séc. XIX e do início do seguinte uma cidade turbulenta, sacudida por rebeliões intermitentes, tanto da população civil quanto das unidades militares ali se diadas.

Era o fim de uma época. A velha capital do Império e, agora, da República, enfrentava o primeiro grande período de transformações desde a chegada da corte parasita de

D. João VI e encarnava o – ou era o próprio – beco sem saída do Brasil antigo. Sem uma base econômica que a sustentasse, acrescida repentinamente de uma leva inumerável de escravos libertos e hospedando os principais atores da estrutura político-econômica litorânea em desagregação, a cidade tornou-se literalmente caótica. Mas era um caos que jamais seria ordenado. Era o fim de um tempo. O eixo da economia e, portanto, da história nacional deslocara-se para o sudeste paulista. Vista nos livros de história, assim era a cidade. Não por mera coincidência – a não ser para os defensores antigos ou modernizados de um beletrismo de salão –, os grandes textos literários da época refletem exatamente esta situação.

De um lado, a ficção de Lima Barreto, o grande cronista do estertor da mumificada cultura litorânea europeizada,[27] com suas personagens lúcidas mas ingênuas, perdidas na grande cidade, sem destino e sem futuro. Cientes dos males do mundo mas sem uma visão coerente que lhes mostrasse as causas dos mesmos. E, por isto, condenadas.

De outro, os ensaios de Euclides da Cunha, que, pelo prefácio e pela terceira parte (A luta) de *Os sertões*, nada fica a dever aos grandes historiadores da tradição ocidental, a começar com Tucídides – aliás por

---

27 Seu conto *O homem que sabia javanês* é, neste sentido, antológico. Quanto à sua obra romanesca, os títulos são por demais conhecidos: *O triste fim de Policarpo Quaresma, Clara dos Anjos, Recordações do escrivão Isaías Caminha* e *Vida e morte de Gonzaga de Sá.*

ele lembrado. Lançando ao mar, talvez não de forma totalmente consciente, o fardo de uma erudição europeizada – nas duas primeiras partes – e já inútil, o gênio de Euclides da Cunha explode numa análise histórica do país até hoje insuperada e insuperável.

No resto e em torno, ligados ao passado e sem qualquer valor, versejadores de todo tipo juntavam afanosamente palavras para fazer sonetos. Mas eram palavras antigas que não encontravam mais qualquer referencial na realidade. Alguns, não por nada os melhores deles, levaram ao extremo esta dissociação entre significado e significante, criaram poemas com visões oníricas, completamente destacadas do real, mas que, por oposição, referem este mesmo real.[28]

Afinal, aquele era um mundo condenado ao desaparecimento e já incompreensível. Restavam os sons do passado. E a melhor forma de usá-los criativamente era absolutizar seu valor em poemas carregados de símbolos não raro também incompreensíveis.

2 – São Paulo de 1910 a 1930: o nascimento do Brasil moderno e a "reatualização da consciência nacional"

A partir da segunda década do século XX fica evidente que o eixo da história nacional se deslocara para

---

28 Alphonsus de Guimarães e Cruz e Souza – os chamados *simbolistas* – são os mais importantes.

o sudeste. Em São Paulo nascia o Brasil moderno e industrial. As férteis terras roxas, com sua grande produção cafeeira, parte de cujos lucros eram investidos na zona urbana, a imigração, a industrialização acelerada pela guerra na Europa, a consequente urbanização e a intensa migração interna, eis a base da rápida e violenta transformação da sociedade paulista, transformação que, aos poucos e de acordo com as especificidades econômicas regionais, atingiria também, a cavaleiro do processo de industrialização, todos os grandes núcleos urbanos do litoral.

Contudo, o acúmulo de causas e efeitos deste processo fez com que em nenhum outro ponto do país fossem sentidos com tanta violência como em São Paulo os sinais dos novos tempos. Ao contrário do que ocorria no Rio de Janeiro, em São Paulo o caos era o início e não o fim de uma era.

Praticamente tudo o que de importante foi produzido em termos literários – com exceção da lírica – pode ser resumido em dois nomes: Mário de Andrade e Oswald de Andrade. Da ficção ao teatro, da sátira ao ensaio, sem esquecer poemas e memórias, ambos são a encarnação de uma época turbulenta, renovadora e criadora. Uma época talvez ainda não de radical descolonização intelectual mas, sem dúvida, na expressão de Mário de Andrade, de "reatualização da consciência nacional".

Uma coisa, contudo, é fundamental, ao ler e analisar os textos do período: aceitar sua desorganização como desorganização e não procurar neles uma ordem que não existe. *Macunaíma*, por exemplo, apresenta temas e técnicas tão diversos entre si que não pode ser vista como uma obra homogênea. Das piadas pesadas à ironia sutil, das partes altamente cômicas a trechos hoje praticamente incompreensíveis, o romance, ou como se quiser chamá-lo, é uma grande e demolidora brincadeira em que se misturam coisas tão díspares quanto a descrição – impagável! – dos hábitos sexuais das "francesas" em São Paulo e a da vida das supostas amazonas. O que não impediu um literato brasileiro de ver, a sério, na "Carta prás Icamiabas" uma tentativa de fazer reviver o estilo do português vicentino!

Quase o mesmo pode ser dito de *Amar, verbo intransitivo, Memórias sentimentais de João Miramar* e *Serafim Ponte Grande*, por exemplo. São, antes de tudo, documentos de uma época de crise e transformação, de descoberta de novos valores e de propostas as mais radicais. Tudo aparece como válido, do plano dos comportamentos pessoais ao plano da renovação linguística e literária.

De tudo o que os dois Andrade produziram, *O rei da vela*, de Oswald, e o ensaio "O modernismo brasileiro", de Mário, estão entre o que há de melhor. *O rei da vela* é, além de uma extraordinária peça de dramaturgia, um documento tão atual hoje como quando foi escrito. E o ensaio de Mário é a mais aguda visão daqueles anos de "modernismo".

Numa análise mais estritamente "literária", *Os condenados*, de Oswald, é indiscutivelmente uma obra importante, se bem que pouco lembrada. O que impressiona, neste romance, é a tentativa – frustrada – de realizar uma obra sobre temas antigos e ao estilo antigo. Tudo soa falso. O mundo mudara e as velhas palavras apresentam-se vazias, incapazes de descrever a realidade. O abismo que medeia entre *Os condenados* e *O rei da vela* ou *Memórias sentimentais de João Miramar* é o abismo que separava o Brasil antigo, semicolonial e agrário, e o Brasil moderno, urbano e industrial.

Se, neste contexto, *Cobra Norato*, de Raul Bopp, é importante por simbolizar a tentativa de captar o Brasil não litorâneo – preocupação, de resto, presente em muitos textos de Mário de Andrade –, não menos importante é a produção lírica de Bandeira, Drummond e, um pouco mais tarde, de Cecília e Quintana. Eles são, sem dúvida, os primeiros grandes líricos brasileiros. É neles que se percebe que a noção do passar do tempo – constante na tradição da grande lírica ocidental, de Horácio a Marvell, de Elliot a Pessoa – passara a fazer parte da experiência das elites letradas do litoral europeizado. Nada a admirar, aliás. A noção do passar do tempo não é senão a percepção, tão intensa em épocas de grandes transformações históricas, da diferença entre o *antes* e o *depois*. E estes poetas viveram em um período de profundas mutações, como foi o caso do Brasil da última metade do séc. XX.

3 – O romance de 30: a nova face da nação

A crise do sistema capitalista em 1929 foi – ao desmontar temporariamente as vias internacionais de circulação de mercadorias – o golpe derradeiro que sepultou a velha estrutura político-administrativa do Brasil, que a rigor assentava suas raízes no II Império, apesar de alguns abalos e remendos que sofrera nos anos que se seguiram imediatamente ao início do período republicano.

Rigidamente ligada ao passado e ao eixo econômico São Paulo-Minas Gerais, incapaz de enfrentar os desafios da transformação econômica e da consequente agitação política e social, a velha e frágil ordem republicana ruiu ao primeiro ataque das oligarquias regionais dissidentes, que, buscando apoio nas ruas e nos quartéis, propunham a reorganização do país e a urgente aplicação de medidas que eliminassem o perigo de uma convulsão mais ampla e talvez incontrolável.

Sem interesse em defender um passado que, afinal, pouco as favorecera e mais dispostas, portanto, a compreender e a enfrentar os novos tempos, as velhas oligarquias regionais dissidentes comandaram o processo destinado a implantar as mudanças que se impunham para inserir o país na era do Estado industrial moderno. Mas – que dúvida! – matreiras como sempre, e cortando à esquerda e à direita, promoveram uma solução de compromisso entre passado e presente, entre o Brasil agrário que resistia ao desaparecimento e o Brasil urbano e industrial que já nascera e procurava impor-se.

É este o panorama histórico em que aparece o chamado *romance de 30*,[29] um dos grandes surtos da ficção real-naturalista ocidental. E é este – sempre as coincidências estranhas! – o panorama que ele reflete.

Diretas, claras, já sem exigirem qualquer análise mais sofisticada para serem referidas ao contexto histórico em que surgem, as principais obras escritas pelos *romancistas de 30* tomam por tema a realidade econômica, social e política das várias regiões geoeconômicas do país, criticam as estruturas vigentes e insinuam soluções. Em Graciliano Ramos como em José Lins do Rego, em Jorge Amado como em Erico Verissimo e nos demais, o que se vê é a nova face de uma nação que, esquecendo o passado, olha decididamente o futuro. Talvez com uma ingenuidade e com um otimismo exagerados, como se perceberia décadas mais tarde. Mas não era isto próprio do tempo em que as elites do litoral e de suas imediações tinham descoberto o Brasil mas não se descoberto *no* Brasil?

4 – A nova narrativa de temática agrária: o litoral invade o sertão

A reordenação político-administrativa do país ao longo da década de 1930 marca o nascimento do Brasil

---

29 Para uma análise mais específica do conceito, dos autores a das obras do período, v. *O romance de 30*, agora editado pela BesouroBox, nesta mesma Série Básica..

como Estado nacional centralizado e, por consequência, tendendo à progressiva homogeneização nos quadros de um sistema econômico industrial/capitalista. Era o início do assalto definitivo, previsto pelo gênio de Euclides da Cunha, do litoral contra o sertão.

Quando, a partir da década de 1950, algumas obras rompem com o modelo tradicional da narrativa real-naturalista, que, nascida na Europa, moldara toda a ficção brasileira, os literatos, avessos e infensos a uma visão histórica, tenderam a proferir uma série de inconsequências ou, simplesmente, a esquecê-las. *Grande sertão: veredas* chegou a ser apontado como resultado das influências de Faulkner e Joyce(!) sobre Guimarães Rosa e obras como *O coronel e o lobisomem, Chapadão do Bugre, Sargento Getúlio, A pedra do reino* e *Os Guaianãs* pouca ou nenhuma atenção receberam.

De fato, eram – e ainda são! – obras estranhas ao mundo ideal da *periodização estilística* e dos conceitos importados pelos literatos tradicionais da costa, que, em nada diferentes das elites litorâneas do Brasil antigo – de onde procediam e procedem! – sofriam e sofrem de uma miopia histórica que os impedia e impede de ver além dos subúrbios dos aglomerados urbanos. Se tinham lido Euclides da Cunha, certamente não o tinham entendido.

Na realidade, se iluminada pela História, tudo era e é de uma extraordinária simplicidade. Produto do avanço das frentes pioneiras que a partir de meados do séc. XVII foram ocupando espaços cada vez mais distantes da costa, o interior centro-norte e nordeste do país adquiriu aos poucos uma vida econômica própria baseada sobre a agricultura de subsistência e/ou sobre a pecuária extensiva. Desligado – pela distância, numa época em que existiam somente o transporte de tração animal e o fluvial, e por nada oferecer de economicamente importante – dos núcleos urbanos da costa, o sertão brasileiro passou indene, mais ou menos até 1930, pelas transformações econômicas, políticas e culturais que tinham afetado a sociedade litorânea ao longo dos séculos, mantendo e reelaborando as tradições ibéricas em todos os planos, do linguístico ao religioso, e criando uma verdadeira civilização, na qual o artesanato, em barro e couro, por exemplo, e a literatura oral se desenvolveram de forma considerável. Foi este o mundo agudamente percebido por Euclides da Cunha em *Os sertões* e foi dele que profeticamente anunciou a completa destruição.

As obras de temática agrária publicadas a partir da década de 1950 – época da segunda fase do assalto, acionado pelo motor a explosão e pela Instrução 113 da SUMOC, a ser completado, na terceira fase, nos anos de 1970, pela grande malha de rodovias e pela parafernália do sistema de telecomunicações instantâneas – nascem no contexto do avanço arrasador do litoral contra o sertão, condenado definitivamente, como o previra Euclides da Cunha.

Nada a estranhar, portanto, que tais obras – produto da conjunção da cultura letrada do litoral europeizado e da cultura "popular" do sertão – apresentem enredos com elementos míticos e estranhas personagens que rompem com os esquemas da narrativa brasileira tradicional, produto por excelência da cultura letrada da costa. Nada a estranhar também que tais obras tendam a ser ignoradas pelos literatos e críticos, principalmente considerando que, se os de ontem eram culturalmente colonizados e intelectualmente limitados por sua falta de visão histórica, os de hoje parecem ser, em grande parte, pura e simplesmente analfabetos.

De qualquer forma, não deixa de ser lamentável que uma extraordinária – apesar das falhas técnicas que possa ter – e espantosa epopeia literária[30] como *Os Guaianãs*, de Benito Barreto, seja completa e inexplicavelmente esquecida. Ou será o último ato da vitória do litoral sobre o sertão?

5 – Os anos loucos: a crise da homogeneização industrial/capitalista

O processo de transformação do Brasil antigo, produto da expansão do capitalismo anglo-francês, em um Estado capitalista moderno – isto é, industrial e centralizado –

---

30 Se há algum autor brasileiro que, ao estilo antigo, possa ser comparado a Tolstoi, este é Benito Barreto. *Os Guaianãs* é o *Guerra e paz* brasileiro.

integrante do macrossistema ocidental/norte-americano apresentou quatro etapas bemdefinidas.

Nas primeiras décadas do séc. XX este processo teve início, de forma rápida e desordenada, praticamente independente daquilo que, forçando a expressão, poderia ser denominada *estrutura político-administrativa nacional.*

A partir da Revolução de 30, a explosão das décadas anteriores é "enquadrada" e, inclusive, acelerada por um poder central que passa a confundir-se com a própria nação. Nascia o Estado Nacional no sentido rigoroso do termo. E o Brasil começava a deixar de ser a costa atlântica e suas imediações.

A crise de meados dos anos de 1950, com o suicídio de Vargas, a ascensão de Juscelino e a famosa e já referida Instrução 113 da Superintendência da Moeda e do Crédito (SUMOC, atual Banco Central)[31] liquidaram a alternativa, sempre presente, se bem que de uma forma um tanto vaga, de um capitalismo autônomo, não dependente dos centros hegemônicos externos.

As consequências desta "opção", contudo, só seriam mesmo sentidas a partir de meados da década seguinte, quando se iniciou a quarta e última etapa do processo de transformação referido, a etapa da completa homogeneização do país, inserido, a partir de então,

---

31 Que permitia a importação de plantas industriais livre de taxação alfandegária.

de forma radical e definitiva, no macrossistema do capitalismo ocidental.

Foi uma época traumática. As consequências do verdadeiro furacão que varreu e continua varrendo o país de sul a norte e de leste a oeste ainda não foram totalmente contabilizadas. Talvez algumas, e talvez não de pouca importância, nem mesmo ainda tenham aparecido, devendo fazer-se notar nos próximos anos ou, até, nas próximas décadas.

O fato é que uma conjunção de fatores internos e externos – entre os quais o dinheiro fácil que jorrava do setor financeiro do capitalismo internacional, setor alimentado pelos dólares do petróleo nacionalizado do Oriente Médio, assumiu grande importância – fez com que o país passasse por uma profunda e extremamente rápida transformação em suas estruturas econômicas e sociais, com todas as consequências que acompanham processos de tal natureza. Em não poucas regiões agrícolas, por exemplo, o sistema produtivo deu, em dois ou três anos, um salto tecnológico que na Europa fora realizado em dois ou três séculos e nos Estada Unidos se efetuara ao longo de cerca de um século. Os modernos meios de transporte e de comunicação chegaram aos mais distantes rincões do país, destruindo hábitos seculares, oferecendo sonhos inatingíveis e apresentando – e impondo – valores comportamentais até então desconhecidos.

Nas grandes cidades, a repressão política, o vertiginoso crescimento da riqueza de alguns e da miséria de muitos, a derrota dos Estados Unidos no Vietname, a invasão da Tcheco-Eslováquia pela URSS, a inserção da mulher no sistema produtivo com a consequente desmontagem da velha ordem familiar patriarcal,[32] as mudanças da Igreja, as tentativas de montar uma oposição armada ao regime vigente, a confusão e a angústia das elites políticas e culturais tradicionais diante do caos geral, tudo isto compunha um quadro dramático em meio ao qual não poucos desapareceram, de uma ou de outra forma. Foram os *anos loucos*.

A produção literária da época revela – sempre as estranhas coincidências! – um panorama que muito se aproxima do acima descrito. Nunca, possivelmente, a produção literária brasileira foi tanta em quantidade e tão heterogênea técnica e tematicamente quanto a dos anos 60/70. O que é historicamente muito compreensível. Afinal, nunca antes os alfabetizados tinham sido tantos, nunca tão díspares em suas origens geográficas, sociais, culturais e étnicas, nunca tão atingidos simultaneamente por um único e tão intenso processo de transformação histórico-econômica como o representado pela homogeneização industrial/capitalista do país.

Contudo, deixados de lado alguns ainda ativos *romancistas de 30* e outros, uns novos, outros nem tanto,

---

32 Do que resultou – para a visão a-histórica tradicional – mais um estranhíssimo fato: nunca antes houve tantas mulheres escrevendo tanto e tão bem. Outro acaso, certamente!

que se ativeram à narrativa tradicional real-naturalista – muitas vezes na linha do romance histórico –, parece indiscutível que a produção mais considerável foi, e é, a de romancistas e contistas de temática urbana e que adotam temas e técnicas estranhos aos dos ficcionistas brasileiros do passado.

Tematicamente, há uma série de características que, *grosso modo* e com intensidade variável, caracterizam tais autores: a desordem e a desagregação dos mundos narrados, a ausência de valores definidos, a violência física e moral, a fuga através do fantástico, a sátira amarga, a crise completa e geral.

Se tematicamente não há mais núcleos em torno dos quais possa ser ordenado o real, tecnicamente existe a correspondência: as características fundamentais da narrativa real-naturalista são abandonadas e postas em questão. Ou, então, quando presentes, há geralmente uma desproporção entre os dados fornecidos pelo enredo e os desfechos, não raro apocalípticos.

Para não correr o risco de ferir suscetibilidades – compreensíveis, aliás, pois como dizia V. I. Ulyanov, parodiando Platão, o artista tem todos os direitos, inclusive o de ser expulso e, acrescentaria eu, o de não ser citado –, nomes não serão aqui referidos. Mesmo porque a lista de romancistas e contistas é interminável. Nunca se escreveu tanto no país. Das centenas de autores – consequência óbvia da expansão generalizada da alfabetização, que é uma exigência implícita da sociedade tecnológico-industrial –, alguns se firmaram e outros se firmarão, criando obras que fixam simbolicamente seu tempo. Outros ficaram ou ficarão somente nas tentativas. O que importa é que em todos eles, de uma ou de outra forma, com maior ou menor vigor, podem ser percebidos os sinais dos tempos. Os tempos da inserção intempestiva e definitiva do país na tradição do racionalismo ocidental numa época em que a sociedade industrial/capitalista dele nascida ocupa suas últimas fronteiras no planeta.

Como conclusão me seja permitido citar um dos melhores poemas – se não o melhor – de Affonso Romano de Sant'Anna,[33] que escreve ensaios muito ruins e até incompreensíveis mas que é, sem concessão, o melhor lírico destes tempos de loucura, que parecem estar acabando. Ou estariam apenas começando?

RAINER MARIA RILKE E EU

Rilke
quando queria fazer poemas
pedia emprestado um castelo,
tomava da pena de prata ou de pavão,
chamava os anjos por perto,
dedilhava a solidão
como um delfim
conversando coisas que europeu conversa
entre esculpidos gamos e cisnes
– num geométrico jardim.

---

33 O poema está em *Que país é este?*, 3.ed., São Paulo: Brasiliense, 1984.

Eu

    moderno poeta, e brasileiro
    com a pena e pele ressequidos ao sol dos trópicos,
    quando penso em escrever poemas
    – aterram-me sempre os terreais problemas.
    Bem que eu gostaria
    de chamar a família e amigos e todo o povo enfim
    e sair com um saltério bíblico
    dançando na praça como um louco David.

Mas não posso,
    pois quando compelido ao gesto do poema
    eu vou é pegando qualquer caneta ou lápis e papel
    desembrulhado
    e escravo
    escrevo entre britadeiras buzinas sequestros salários
    coquetéis televisão torturas e censuras
    e os tiroteios
    que cinco vezes ao dia
    disparam na favela ao lado

    metrificando assim meu verso marginal de perseguido
    que vai cair baldio num terreno abandonado.

                    (1984/85)

O ROMANCE EUROPEU E O ROMANCE BRASILEIRO DO MODERNISMO

Apesar de certo mecanicismo que o tisna – em parte, sem dúvida, pela forma sintética e quase telegráfica –, "O romance brasileiro e..." mantém-se íntegro, intocado pelo passar do tempo, depois de mais de quatro décadas. Talvez – talvez não, seguramente – por identificar-se com a visão histórica das obras clássicas de Bruun e Barraclough, citadas no texto. Em linhas gerais – à parte as observações da Nota Prévia, redigida em 1990 –, nada há a alterar no ensaio. Mas pelo menos três observações podem ser feitas: 1 – Em 1970 eu não lera ainda O leopardo, de Lampedusa, um romance clássico, na linha de Os noivos, de Manzoni, e de toda a narrativa realista/naturalista inglesa e francesa dos séculos XVIII e XIX. Não deve ser mera coincidência que a ação do romance de Lampedusa se localize na Sicília, caracterizada então – e ainda hoje! – por uma estrutura socioeconômica arcaica, pré-industrial.

*2 – Não se pode esquecer que o denominado roman-
ce policial parece ser o verdadeiro e legítimo herdeiro da
grande tradição narrativa realista/naturalista europeia.
Alguns de seus autores – Agatha Christie e Georges Sime-
non, por exemplo – produziram verdadeiras obras-primas da velha arte da fabulação, que retroage a Homero.*

*3 – Já em 1970 (v. nota 49, à p. 83), mais por evi-
dência histórica do que por pioneirismo pessoal, eu forne-
cia a pista para analisar a obra de Machado de Assis a
partir de uma perspectiva que depois faria fortuna. Não
o lembro para obter reconhecimento, o que, além de esd-
rúxulo e tolo, não me interessa. Lembro-o apenas para
sublinhar a importância da formação histórica.*

III

O ROMANCE EUROPEU E O ROMANCE BRASILEIRO DO MODERNISMO

Nota prévia[34]

Este ensaio, escrito no início de 1970, é reproduzido aqui em sua versão original, não tendo sido submetido a qualquer alteração importante. Nem haveria por quê. Contudo, apesar de tentar – três anos antes de "Literatura e subdesenvolvimento", o já clássico ensaio de Antonio Candido – introduzir, ainda que de forma tosca e quase mecânica, a História na cidadela do *establishment* literário brasileiro, ele revela claramente influências da concepção idealista e a-histórica que então permeava, e ainda permeia, os estudos literários brasileiros. Estas influências, assimiladas *a contrecoeur* e pela pressão do meio, se manifestam

---

34 Escrita em 1990.

quando, cá e lá, o texto parece aceitar implicitamente – e contraditoriamente, se considerados seus próprios pressupostos – a ideia de que os movimentos literários se geram autonomamente um ao outro, num processo de partenogênese supra-histórica em sequência. Ora, tal concepção é tão ridícula quanto o seria afirmar que este ensaio teria influenciado Antonio Candido – que possivelmente nunca o leu e até hoje certamente nem ouviu falar em meu nome... O que de fato ocorre é que idênticas ou semelhantes estruturas históricas – econômicas, tecnológicas, sociais, políticas e culturais – geram produtos também próximos entre si. Desta forma, não são os movimentos culturais/literários que se geram uns aos outros mas, sim, são as condições históricas que, alterando-se, também provocam alterações na natureza daqueles. Eis uma longa discussão, não adequada a esta nota.[35] Talvez não seja também de todo inútil assinalar que este ensaio – que causou certo *frisson* à época e representou o *début* oficial, e em grande estilo, de um então *bem comportado* adventício ao *grand monde* lítero-intelectual-acadêmico de Porto Alegre – foi também o ponto de partida de minhas reflexões sobre as relações entre Arte e História. Devem ser relevadas, por isto, a precariedade e a forma sucinta com que são abordados os problemas enfocados, problemas estes cuja análise teve continuidade em obras como *Nova*

---

35 Esta questão é analisada de maneira mais ampla na primeira parte de *A literatura brasileira no século XX*, que também integra este volume.

narrativa épica no Brasil,[36] *Dependência, cultural: notas para uma definição,*[37] *O romance de 30,*[38] *A literatura brasileira no século XX*[39] e em artigos esparsos em jornais e revistas.

Quanto ao resto, não há dúvida de que nos últimos vinte anos a cena das relações internacionais de poder se alterou consideravelmente, como bem o revelam o surgimento do Japão como grande potência econômica, a crescente tendência da Europa Ocidental à unificação e as rápidas mudanças na Europa Oriental. Contudo, nunca se deve esquecer que tais mudanças são, por ora, relativamente pouco expressivas, principalmente se se levar em conta aquilo que a propaganda dos Estados Unidos, por óbvias razões, insiste em fazer esquecer: o Japão continua proibido de ter forças militares e a Europa Ocidental – principalmente a Alemanha – continua ocupada por cerca de 400.000 soldados norte-americanos. Fatos são fatos.[40]

Introdução

Em um dos livros mais importantes publicados na Europa na década de 1960 – no setor dos estudos

---

36 Porto Alegre: Mercado Aberto, 2.ed., 1988 e em *Riobaldo & eu*, Porto Alegre, BesouroBox, 2016.

37 Neste volume.

38 4.ed., Porto Alegre: BesouroBox, 2018.

39 Neste volume.

40 O texto a seguir não sofreu qualquer alteração em relação ao editado em 1990 (nota de 2000).

históricos –, Geoffrey Barraclough[41] afirma que por volta de 1890 ocorre um corte radical na história mundial. Barraclough, sucessor de Arnold Toynbee na cadeira de História Internacional da Universidade de Londres, não foi, certamente, o primeiro – como ele próprio o nota – a fazer tal afirmação. Mas foi ele, sem dúvida, o primeiro a conseguir estruturar e verbalizar a questão de maneira satisfatória. Não seria possível resumir de forma completa o amplo panorama apresentado pelo historiador inglês. Interessam aqui apenas os pontos básicos de sua análise.

Quando Bismarck se retirou da cena política em 1890, existiam na Europa duas grandes potências: a Alemanha imperial e a Inglaterra vitoriana. Estas duas potências europeias eram também as duas grandes potências mundiais da época. A Rússia não conseguira nível suficiente de industrialização para ter voz ativa no continente durante a segunda revolução industrial – e não conseguiria antes de 1930 – e os Estados Unidos, apesar de cicatrizadas em grande parte as feridas da Guerra da Secessão, não tinham ainda alcançado seu apogeu, além de adotarem, na época, uma política externa fundamentalmente isolacionista, que seria renegada apenas com Woodrow Wilson, depois da Primeira Guerra Mundial, com seus famosos 14 pontos.

---

41 Para evitar acúmulo de citações não serão indicadas as páginas da obra de Barraclough, a não ser em casos especiais. Fica subentendido que a maior parte dos dados históricos é extraída de *Introdução à história contemporânea*, Rio de Janeiro: Zahar, várias datas.

É exatamente por volta do início da última década do século XIX que começa a erosão da hegemonia europeia na política mundial. O declínio foi lento mas em menos de 70 anos chegou ao ponto em que hoje se encontra. A Europa propriamente dita, ou seja, os países entre o Mediterrâneo e o mar do Norte, não têm, na atualidade, a mínima influência dos grandes acontecimentos mundiais. Quem quer que tenha analisado – mesmo superficialmente – o atual equilíbrio de forças entre os Estados Unidos e a União Soviética[42] – e agora talvez com a China no meio – chegará a esta conclusão: hoje, e há muito tempo já, a História está sendo feita fora da Europa. Como foi que isto aconteceu? Há dois pontos fundamentais a acentuar.

Em primeiro lugar, a segunda revolução industrial – a revolução do aço, do motor, do petróleo e da eletricidade – permitira que as duas grandes potências europeias, Inglaterra e Alemanha, e, em ponto menor, a França se expandissem de maneira extraordinariamente rápida pelo mundo subdesenvolvido entre 1850 e a Primeira Guerra. Foi então que a História começou a ser feita também no Atlântico e no Pacífico e já não mais somente no Mediterrâneo. Em outros termos, a História tornou-se mundial, deixando de ser apenas europeia, como o fora até então. Ora, por suas características históricas, geográficas e sociais, as grandes potências europeias não estavam em condições de responder

---

42 Como foi referido na Nota Prévia, este texto é de 1970.

ao desafio das exigências do novo fenômeno que então surgia na política mundial: o grande imperialismo, baseado essencialmente na expansão geográfica unida à expansão de mercados em que as indústrias nacionais pudessem colocar seus produtos. Quem poderia responder ao desafio? Evidentemente os Estados Unidos e a Rússia, as duas novas e poderosas nações que começavam a afirmar-se no cenário das relações internacionais. E as duas grandes guerras europeias do século XX – que se tornaram mundiais –, a de 1914 e a de 1939, não foram senão a tentativa de construir um império que pudesse fazer frente, em pé de igualdade, à Rússia e aos Estados Unidos.

Esta afirmação de Barraclough é mais documentada do que pareceria à primeira vista. Em 1928, Hitler afirmava em um de seus discursos, literalmente: "Se a Alemanha quiser ocupar seu lugar na ordem futura dos Estados e não acabar como uma segunda Áustria ou como uma segunda Suíça, tem que agir rapidamente, pois com a nova União Americana nasceu uma nova potência de tais dimensões que só ela ameaça subverter todo o antigo poder e a hierarquia dos Estados".[43] Ao falar em *poder* e *hierarquia dos Estados*, Hitler pensava, obviamente, na Europa. Mas Hitler já chegava tarde. O eixo da História, como afirma o historiador inglês, há muito se deslocara para

---

43 HITLER, Adolf. *Hitlers secret book.* New York: Grove, 1961. p.83, 100, 103 e 158, apud BARRACLOUGH, Geoffrey. *Introdução à história contemporânea.* Rio de Janeiro: Zahar, 1966. p.96.

outros pontos e a tentativa europeia de fazer frente a esta fatalidade histórica foi condenada ao fracasso duas vezes por não ter resolvido os crônicos problemas de nacionalismo existentes na região.

Um segundo ponto importante a destacar é que os grandes impérios coloniais europeus – em particular a Inglaterra e a França –, ao se expandirem pela Ásia e pela África graças aos meios fornecidos pela segunda revolução industrial, estavam, ironicamente, apenas apressando o fim da era europeia na política internacional. As colônias brancas – Canadá, África do Sul, Nova Zelândia etc. – passaram a exigir sua independência e, a partir de 1918, os povos de etnia asiática e africana começaram a rebelar-se.

O perigo que os nacionalismos emergentes representavam para a Europa foi muito bem entendido pelas grandes potências europeias, que em 1900 se uniram para esmagar impiedosamente a revolta boxer na China. De nada adiantou. O Terceiro Mundo iniciava sua rebelião contra o Ocidente, rebelião que iria alcançar seu ponto mais alto nos anos que se seguiram à Segunda Guerra Mundial. É este o grande pano de fundo sócio-histórico de todos os movimentos literários mundiais a partir de 1890, aproximadamente. De um lado, a "desintegração da síntese burguesa"[44] na Europa, com o progressivo deslocamento do eixo da história política

---

44 BRUUN, Geoffrey. *Nineteenth-century european civilization, 1815-1914*. London: Oxford University, 1959. Apud BARRACLOUGH, op. cit., p.221.

do Mediterrâneo para o Atlântico e o Pacífico, e, de outro, a integração real e ativa na comunidade mundial de um sem número de grupos e etnias que em séculos recentes jamais haviam participado da História a não ser de um modo passivo e escravo.

Não é possível conceber a literatura desligada da História e por isto foi necessário analisar o problema histórico para, sobre ele ou dentro dele, colocar a análise de um movimento literário. O tema se limita ao campo da literatura. Mais ainda: ao campo do romance. O teatro de Gerhardt Hauptmann, a filosofia de Martin Heidegger – que, como quer Georgy Lukács, representa o homem europeu em determinado contexto histórico-ideológico e não o homem em sua catolicidade, quer dizer, em sua universalidade –, a pintura de Kandinsky e Mondrian e a música de Bartók e Schoenberg, que certamente fazem parte, de uma ou de outra maneira, do mesmo processo, não poderão ser abordados. A análise será limitada especificamente ao romance europeu de 1900 a 1930, ao fenômeno literário chamado *romance modernista brasileiro* e à explosão das literaturas do Terceiro Mundo.

O romance europeu de 1900 a 1930

Deixando de lado a literatura russa, que, como é claro, se integra dentro de coordenadas históricas bastante diversas em relação àquelas nas quais se inscreve a literatura da Europa Ocidental, todas as grandes obras romanescas surgidas na Europa depois de 1900 possuem um traço característico que salta aos olhos na mais superficial das análises: a crise e a queda da *síntese burguesa*, síntese esta que tivera seu primeiro grande momento em literatura no romance inglês do século XVIII – Defoe, Richardson, Sterne, Fielding – e alcançara seu apogeu com Balzac. Para Barraclough, esta síntese é posta em questão já em 1885, quando Zola publica *Germinal*, apresentando as contradições que começavam a minar a sociedade europeia. Contudo, a crise e a queda definitivas da *síntese burguesa* foram narradas nas primeiras três décadas deste século nas obras de Thomas Mann, Virgínia Woolf, Marcel Proust, Kafka, Henry James e James Joyce. *Ulisses*, deste último, encerra um ciclo da literatura ocidental e, talvez, encerra a própria literatura europeia, pelo menos no que se refere à narração romanesca.

Thomas Mann, ao publicar *Os Buddenbrok* em 1901, procede ao inventário da burguesia alemã, cujo espírito alcançara sua síntese mais alta não em uma obra literária, como é o caso de Balzac na França, mas sim na obra jurídica de Rudolf von Ihering, porta-voz da Alemanha imperial de Bismarck, como Balzac o fora da França pós-revolucionária. De fato, a doutrina do direito como "interesse juridicamente protegido" não é senão a expressão mais alta do individualismo burguês alemão da época bismarckiana, em luta contra os restos do feudalismo decadente que entravava o processo do país, já unificado, na época da segunda revolução industrial. Thomas Mann narrou a decadência da sociedade burguesa alemã, mas de uma forma um tanto contraditória, se assim se pode dizer: ao descrever a decadência de uma classe, o autor de *A montanha mágica* adota ainda a fórmula do grande romance realista, que fora justamente, pelo menos na Inglaterra e na França, o espelho da ascensão desta mesma classe.

Marcel Proust dá um passo adiante. Abandonando a fórmula realista, de matriz épica, que tinha por característica essencial a relação direta entre o herói e o mundo que o cerca, Proust fecha-se no círculo da consciência e procura, através da memória, reconquistar o tempo perdido. Para Proust, a ação absolutamente não conta. Ou, melhor: para ele as ações são importantes enquanto são passado. Enquanto *não são*. E, *não sendo*, o passado pode ser transformado pela consciência a seu bel-prazer. É este o núcleo de toda a arte proustiana.

Apesar disto há algo de comum entre Thomas Mann e Proust. Seus romances têm um ponto fixo. Em Thomas Mann é a ação realista, mesmo na decadência do herói. Em Proust é a consciência do narrador em primeira pessoa. Em Virgínia Woolf e em alguns romances de Henry James nem isto mais resta. Como afirma Erich Auerbach, ao analisar *To the lighthouse*, em *Mimesis*, em Virgínia Woolf não há mais um ponto fixo do qual as personagens possam ser observadas. O autor onisciente desapareceu e o *stream of consciousness* subverte de maneira radical e definitiva a estrutura do romance tradicional, seja do ponto de vista da construção psicológica das personagens, seja do ponto de vista da técnica narrativa. Em James esta permanece tradicional, mas as personagens, do ponto de vista psicológico, perdem sua identidade única e são tantas e tão diferentes quantos são os espelhos – as demais personagens – em que se podem refletir.

No entanto, nem Thomas Mann nem Proust, nem Virgínia Woolf nem James representam a negação final, radical, da *síntese burguesa* nem chegam a acompanhar o enterro daquele mundo que se refletira em dois dos grandes momentos da literatura ocidental: o romance inglês do século XVIII e o romance francês do século XIX. O acompanhamento é feito por Kafka e James Joyce, em planos diversos mas convergentes.

Kafka se situa no plano metafísico-existencial, deixando clara a anulação total do indivíduo, do *nomem*, da pessoa, a perda de sua integridade, a negação absoluta da sua importância no mundo. Importância que fora o núcleo da *síntese burguesa*. Quanto a Joyce, em *Ulisses* ele mostra a mesma coisa num plano mais empírico, se assim se pode dizer. O romance gigantesco de Joyce, "uma obra enciclopédica, espelho de Dublin, espelho da Europa e do mundo", traz em si, como afirma Erich Auerbach, uma "atmosfera de fim de mundo".[45] A antiodisseia de Leopold Bloom através de Dublin, símbolo da metrópole moderna, despersonalizante e

---

45 AUERBACH, Erich. *Mimesis; Il Realismo nella letteratura occidentale.* Torino: Giulio Einaudi, 1956. v.2, p.317, 335-6.

despersonalizada, resume, e resumindo encerra, os dois mil e quinhentos anos de civilização europeia, sobre os quais Joyce parece cantar um *réquiem*. Em *Ulisses*, em plano mais próximo, está também o túmulo da *síntese burguesa*. Depois de Joyce, o que é que um romancista europeu poderia escrever? E é sintomático que depois dele o romance europeu tenha simplesmente desaparecido. Houve, sim, algumas experiências sem grande importância, mas nada mais.

Na Europa, portanto, parece que assistimos, depois de 1900 e durante toda a década de 20, ao fim de uma etapa histórica. Os romancistas aqui analisados resumidamente são o fim de um processo.

Se o jogo das relações internacionais perdia sua importância na Europa, deslocando-se para outros pontos do globo, e se a literatura europeia, na expressão de Auerbach, parecia prenunciar um apocalipse, pode-se perguntar: o que estava ocorrendo fora da Europa, mais especificamente no assim chamado Terceiro Mundo?

A explosão das literaturas do Terceiro Mundo

O que ocorria ali era exatamente o contrário. De toda parte surgiam movimentos literários – o mais das vezes estreitamente ligados a movimentos políticos de caráter nacionalista – que se rebelavam contra a literatura importada ou contra o *sistema*, procurando "um mundo e uma expressão estéticos que fossem seus".[46] O fenômeno ocorreu no mundo árabe, no Japão – em 1909 Nagai Kafu publicava *O rio Sumida*, obra que se tornaria um divisor de águas –, na China, na Índia, na América Latina e no Brasil. Na África, os movimentos desta espécie alcançariam importância real apenas depois de 1945, quando o processo de libertação e independência se acelerou rapidamente.

Não é possível uma análise detalhada de tais movimentos, em particular por falta de informação especializada. Um deles, no entanto, é de importância capital: o movimento *Nova Juventude*, surgido na China em 1916, lado a lado com o início da fermentação política que, de então em diante até nossos dias, não mais deixaria de agitar o *continente amarelo*. Pode parecer paradoxal o fato de se considerar o movimento surgido na China mais importante para a exata compreensão do Modernismo brasileiro do que os movimentos de renovação literária aparecidos na América Latina a partir de 1880 e que ficaram conhecidos na literatura hispano-americana sob a denominação genérica de *El Modernismo*. Dois tópicos esclarecem o problema.

Em primeiro lugar, o Modernismo hispano-americano, que tem seu nome mais importante em Ruben Darío e que apresentou certa unidade como movimento, não se restringindo a um só país, prolongou-se de 1880, aproximadamente, até 1910. Mas, o que é essencial, seu

---

46 HENRIQUEZ-UREÑA, Pedro. *Literary currents in Hispanic America.* Cambridge, Mass.: Harvard University, 1946. p.192.

ideário estético era, *grosso modo*, a repetição do ideário estético do simbolismo francês, unida, a repetição, a um lirismo intensamente pessoal, a uma grande preocupação pela forma e, episodicamente, a certa valorização das realidades latino-americanas. Mas os cisnes de Darío, por exemplo, têm muito pouco de latino-americano. Seria pouco lógico colocar Darío ao lado de Olavo Bilac – porque Darío é, de fato, um poeta, ao passo que Bilac é um equívoco –, mas a verdade, porém, é que os modernistas da América espanhola lembram, de vez em quando, os parnasianos brasileiros em sua preocupação martirizante pela forma – ou pela fórmula –, o que serve para identificar, com alguma aproximação, o caráter estético deste movimento hispano-americano.

Em segundo lugar, os movimentos de renovação surgidos na América espanhola nas décadas posteriores a 1910 – até 1930, aproximadamente –, além de não apresentarem unidade, continuaram, quase sempre, ligados intimamente às correntes literárias europeias. É o caso da *Geração do ano 18*, na Venezuela, ou do grupo reunido em torno de Cesar Vallejo, no Peru. O argentino Ricardo Güiraldes, autor do extraordinário *Don Segundo Sombra*, ainda não é exceção. Talvez o sejam o dominicano Moreno Jimenez e o paraguaio Natalicio Gonzalez. Mas a verdadeira ruptura viria mesmo apenas em 1935, quando o venezuelano Romulo Gallegos publicou *Canaima*. Ocorre que, então, o Modernismo brasileiro já tinha 12 anos.

Voltando à China, o que pretendia o *Nova Juventude*, síntese, segundo Barraclough, de todos os movimentos de renascimento cultural do mundo extraeuropeu? Chen Tu-Hsiu, um dos principais líderes do grupo, assim formulou as grandes metas do movimento:

1 – Derrubar a pintada, empoada e obsequiosa literatura de um punhado de aristocratas e criar uma direta, simples e expressiva literatura do povo.

2 – Derrubar a estereotipada e superornamental literatura do classicismo e criar uma jovem e sincera literatura do realismo.

3 – Derrubar a pedante, ininteligível e obscurantista literatura do eremita enclausurado e criar a literatura popular, falando claro da sociedade em geral.

Não é possível ignorar as grandes diferenças entre as condições sociológicas e políticas da China e do Brasil na época. O que é impressionante, porém, é que os princípios apresentados por Chen eram também, e de forma praticamente idêntica, o ideário estético do Modernismo brasileiro, em particular de seus dois grandes líderes: Mário e Oswald de Andrade. Além disto, as exigências do *Nova Juventude*, no sentido de transformação das estruturas da sociedade, eram comuns, em ponto menor, ao Modernismo brasileiro. É bem possível que, quando for feita a história comparada da literatura mundial no século XX, os dois movimentos mencionados sejam apresentados como sendo – no campo da arte – a explosão de um processo histórico que se encontrava em andamento desde a última década do século XIX: a crise da *síntese burguesa* e a ascensão vertiginosa de novos grupos nacionais e étnicos ao plano de sujeitos da história mundial.

Mário de Andrade chega a espantar pela agudeza extrema com que detecta e estabelece as coordenadas gerais deste fenômeno histórico. Em seu ensaio sobre o Modernismo, publicado na década de 1940 – sem dúvida um dos textos mais importantes escritos sobre o movimento, se não o mais importante –, Mário afirma:

"O movimento modernista foi o prenunciador e, por muitas partes, o criador de um estado de espírito nacional. A transformação do mundo com o enfraquecimento gradativo dos grandes impérios... a rapidez dos transportes e mil e uma outras causas internacionais bem como o desenvolvimento da consciência americana e brasileira... impunham a criação de um espírito novo e exigiam a reverificação e mesmo a remodelação da inteligência nacional".[47] E em outra parte: "Há um mérito inegável nisto, embora aqueles primeiros modernistas... das cavernas... tenhamos como que apenas *servido de altifalantes de uma força universal e nacional muito mais complexa do que nós*" (grifo meu, JHD).

É exatamente tendo por pano de fundo "o enfraquecimento gradativo dos grandes impérios", é vendo que o Modernismo brasileiro foi a eclosão "de uma

---

47 ANDRADE, Mário de. *Aspectos da literatura brasileira*. São Paulo: Martins, 1943, p.231.

força universal e nacional muito mais complexa" do que pareceria à primeira vista, é colocando-as como antítese ao romance europeu da época, é só assim, repita-se, que se poderá ter uma visão ampla da verdadeira importância das obras de Mário e Oswald de Andrade.

O pano de fundo histórico – com as relações fundamentais da política internacional deslocando-se para fora do Mediterrâneo – já foi analisado. Também o foi a "eclosão de uma força universal... e complexa" – a ascensão do Terceiro Mundo. Resta tratar do núcleo do problema: a relação entre o romance europeu das primeiras três décadas deste século e o assim dito *romance do Modernismo brasileiro*. Na Europa, foi visto o que acontecia no âmbito da forma romanesca com a análise conjunta, quase telegráfica – e, sem dúvida, imperfeita –, dos seis nomes essenciais. No Brasil, na década de 20, surgiram *Memórias sentimentais de João Miramar* e *Macunaíma*, obras que podem ser consideradas as mais representativas da prosa modernista. Não há a intenção de estabelecer relações diretas – que correriam o risco de serem forçadas – entre os dois fenômenos: o romance europeu de 1900--30 e o romance brasileiro do Modernismo. É preferível a comparação indireta. Tendo visto que o romance europeu da época se centra sobre a crise da *síntese burguesa*, é preciso mostrar agora como se inserem neste amplo panorama histórico-literário as duas obras de Mário e Oswald de Andrade.

O romance brasileiro do Modernismo

Memórias sentimentais de João Miramar e *Macunaíma* são antes de tudo um grito de revolta contra todo o passado literário brasileiro na medida em que este passado estava ligado à Europa e se submetia a fórmulas linguísticas rígidas, castradoras e ridículas. *Macunaíma* é um libelo contra o convencionalismo temático, contra o índio alienado da realidade, fosse ele do *Uraguai* ou do *Guarani*. É o massacre impiedoso do que restava de um sistema já impotente e esgotado há muito. É a tentativa de organizar um mundo novo, rompendo com a alienação do passado e rompendo com a Europa, porque, como Mário vira lucidamente, o Brasil, antes de 1922, não tinha nada a ver com aquele mundo do qual fazia parte, ou seja, com o mundo extraeuropeu. Era preciso romper com tudo, ser aquilo que realmente o país era e deixar de ser o que tinha a pretensão de ser. Este é o grande brado do panfleto que se chama *Macunaíma*. A obra é um panfleto ou, pelo menos, assim pode ser considerada porque, mesmo se ignorarmos as intenções extraliterárias de Mário ao escrevê-la (o sarcasmo contra "o português escrito e o brasileiro falado"), o capítulo intitulado "Carta prás Icamiabas" rompe de maneira evidente a estrutura narrativa e impede que consideremos o texto como obra romanesca.

Em *Memórias sentimentais de João Miramar* temos a subversão linguística, estilística e narrativa do sistema. É, outra vez, a destruição do passado. Contudo, ao mesmo tempo que subverte, Oswald cai em uma contradição: vai buscar na Europa, talvez em Joyce,[48] a fórmula da subversão. Acontece, porém, que Joyce destruiu o que existia, destruiu a *síntese burguesa*, ou melhor, destruiu o romance realista, depositário desta síntese. E Joyce, destruindo o que existia – ou existira –, se liga ao destruído. Em Oswald, pelo contrário, há a luta contra um fantasma, se assim é possível dizer. Aquilo contra o que Oswald se rebela existira no Brasil apenas como fórmula vazia. Note-se, por exemplo, que a obra de Machado de Assis, que poderia aproximar-se ou mesmo identificar-se com o romance realista europeu, depositário da *síntese burguesa*, não é senão a negação, o próprio atestado de óbito da sociedade que descreve. Sociedade desenraizada e que se esforçava por viver aqui como se estivesse na Europa. Diga-se de passagem que este é o aspecto essencial sobre o qual deve fundar-se qualquer análise da obra machadiana.[49]

Assim, *Memórias sentimentais de João Miramar*, analisado sob este ângulo, é um equívoco. É mera fórmula, porque não é um elo consequente de um processo – como *Ulisses* o é – mas sim a tentativa da destruição

---

48 Esta é uma afirmação discutível, não apenas por basear-se implicitamente na superada *teoria das influências* como, até, pelas datas de publicação de *Ulisses* e *Memórias sentimentais de João Miramar*. De qualquer maneira, o fato de Oswald de Andrade não ter sido influenciado por qualquer autor ou movimento europeu não enfraquece a tese defendida neste ensaio. Pelo contrário, numa perspectiva um pouco diferente poder-se-ia dizer até que a fortalece (Nota de 1989).

49 Em 1970 eu não podia prever, evidentemente, que Roberto Schwartz centraria sua análise de Machado de Assis exatamente sobre este ponto (Nota de 1989).

ou da renovação de um sistema a partir de fora e não a partir dele próprio. *Macunaíma*, por sua parte, estrutura-se como obra eminentemente satírica, como um panfleto que exige coisas novas, que propõe certos caminhos, mas que não chega a encontrar nem as coisas nem os caminhos. Ora, se uma é panfleto e a outra é um equívoco, conforme ficou estabelecido, poder-se-ia dizer que ambas as obras não trazem em si o *quid*, a especificidade que faz e que, em última análise, é a obra literária. Consequentemente não haveria romance modernista, já que tomamos os dois livros como os mais representativos de Mário e Oswald de Andrade. *Grosso modo*, é esta a posição aqui defendida. Sendo assim, o que é que são *Macunaíma* e *Memórias sentimentais de João Miramar*?

Esta pergunta coloca um problema complexo, para o qual será tentada uma resposta. Antes de tudo é necessário notar que, depois de Joyce, Kafka, Virgínia Woolf, Proust, Thomas Mann e James, nada de importante apareceu na Europa no terreno especificamente romanesco. Camus e Sartre – não poucos já o disseram – são antes ensaístas que romancistas. E as demais experiências são apenas experiências, como também já foi dito. Ora, no Brasil, depois de Mário e Oswald vieram os romancistas de 30, vieram Guimarães Rosa e José Cândido de Carvalho.[50] Mário e Oswald funcionam,

---

50 No início de 1970 eu ainda não lera *Chapadão do Bugre*, de Mário Palmério. Quanto a *Sargento Getúlio*, de João Ubaldo Ribeiro, *A pedra do reino*, de Ariano Suassuna, e *Os Guaianãs*, de Benito Barreto, nem haviam sido

portanto, como um divisor de águas. Aqui se localiza o fulcro da questão. Porque, se o romance europeu das primeiras três décadas deste século é o último estágio de um processo, o romance do Modernismo brasileiro não o é. Ele é a revolta racional contra o passado, sem ligar-se poeticamente a ele. Em outros termos, o romance europeu de 1900-1930 somente pode ser definido a partir do passado, ao passo que *Macunaíma* e *Memórias sentimentais de João Miramar* só podem ser definidas, como obras, pelo futuro. Ou seja, só podemos entendê-las se as analisarmos como início de um processo.

Se o chamado *romance modernista* é começo, para entendê-lo de forma completa necessário é analisar o que veio depois dele na literatura brasileira. Este *depois* é, fundamentalmente, bifronte. De um lado, temos o *romance de 30* – e toda a ficção de temática urbana posterior – e, de outro, Guimarães Rosa e José Cândido de Carvalho.

1 – O chamado *romance de 30* está e não está em linha de continuidade em relação ao Modernismo. Está na medida em que romancistas como Graciliano Ramos, José Lins do Rego, Erico Verissimo e os demais estruturam uma obra autêntica, tendo por base a realidade nacional, fosse ela urbana ou não. Está, ainda, ao libertar-se espiritualmente de um passado morto

---

publicados. Por isto, sempre que, a seguir, forem referidos *Grande sertão: veredas* e *O coronel e o lobisomem,* devem ser acrescentadas as quatro obras antes citadas, as quais, junto com as duas últimas, eu viria a considerar, com razão ou sem ela, como integrantes do ciclo da *nova narrativa épica* (Nota de 1989).

que insistia em perpetuar-se, ao pôr abaixo convenções e fórmulas vazias, ao compreender e aceitar instintivamente que cada situação nova e cada nova realidade devem ser expressas de forma nova.

Esta libertação íntima, esta recusa às fórmulas estereotipadas – fatores essenciais no aparecimento da criação autêntica, da *poiesis* – puderam existir porque antes haviam existido Mário e Oswald, porque antes irrompera o movimento modernista. *O romance de 30* respondeu, portanto, às proposições do Modernismo. Mas foi uma resposta apenas parcial. Se o *romance de 30* foge às fórmulas e ao convencionalismo, não menos verdade é que praticamente todo ele é construído a partir da perspectiva do homem que vivia nos grandes centros urbanizados da orla atlântica. Da perspectiva do Brasil europeizado.

Para quem leu José Lins do Rego, Graciliano, Octávio de Faria etc., este é um fato óbvio. Mesmo no caso daqueles autores que localizam a ação no espaço não urbanizado, o herói do romance brasileiro de 30 está calcado, em essência, sobre o herói do romance europeu da *síntese burguesa*. Vive um contexto e uma situação completamente diferentes, sem dúvida, mas sua alma é a alma gerada pela tradição da cultura pós-renascentista europeia. A única exceção talvez seja *Vidas secas*, de Graciliano Ramos. Fabiano é ainda uma personagem em vias de estruturar-se. Sua dificuldade em falar provém de não ter ainda ordenado o caos à sua volta. O *logos* ordena o caos, mas Fabiano vive num estágio de consciência pré-lógico. Se esta perspectiva for válida, *Vidas secas* permanece como única exceção. Em seu conjunto, o *romance de 30* não traz nada de novo. O que não quer dizer que não traga nada de importante. Esta é outra questão, completamente diversa.

As proposições modernistas destrutivas foram, portanto, assimiladas, mas não as construtivas, pelo menos não em sua essência mais profunda A resposta dada ao movimento Modernista foi parcial e, talvez seja ousado dizê-lo, superficial. A necessidade de engendrar um *homem novo*, uma alma nova, necessidade pregada com perspicácia genial por Mário de Andrade, só foi entendida – é claro que o termo não se refere a um entender racional – por Guimarães Rosa e José Cândido de Carvalho.[51]

2 – Esta é a segunda face daquilo que na literatura brasileira veio *depois* do Modernismo. Se é verdade que o *romance de 30* responde ao movimento modernista no âmbito de um processo histórico nacional – a Revolução de 30 e a queda da República Velha –, as obras de José Cândido de Carvalho e especialmente de Guimarães Rosa dão uma resposta que se inscreve no âmbito de um processo histórico mundial – do qual se falou acima –, entrevisto de uma forma um pouco nebulosa mas muito aguda por Mário de Andrade. Em resumo, Guimarães Rosa e José Cândido de Carvalho – o primeiro de forma absolutamente genial em *Grande*

---

51 Ver nota 16.

sertão: veredas e o segundo em *O coronel e o lobisomem*[52] – conseguem criar o novo herói, o *homem novo*, cuja descoberta era exigida por Mário e pelo Modernismo. "Debaixo do Brasil de fisionomia externa existe um outro Brasil, de enlaces profundos, ainda incógnitos, por descobrir", como dizia o autor de *Macunaíma*. Ou, na expressão de Tarsila: "Vamos descer à nossa pré-história obscura, trazer alguma coisa deste fundo imenso, atávico. Catar os anais totêmicos. Deste reencontro com as nossas coisas, numa chuva criadora, poderemos atingir uma nova estrutura de ideias".

Foi este Brasil incógnito, imenso, obscuro, atávico, foi este o Brasil revelado poeticamente por Guimarães Rosa e por José Cândido de Carvalho.[53] Tanto este como aquele rompem radicalmente com a ficção brasileira de todos os tempos, rompem com a tradição do romance europeu e se integram no movimento literário das culturas extraeuropeias e, de maneira mais próxima, se inserem no romance latino-americano dos últimos vinte e cinco anos.[54] Assim fazendo, respondem de maneira completa às proposições modernistas, seja no plano da literatura nacional, seja no plano da literatura mundial. Não só se libertam do peso insuportável do passado morto mas também ignoram tudo o que, neste passado, era válido.

---

52 Ver nota 16.

53 E por João Ubaldo Ribeiro, Mário Palmério, Ariano Suassuna e Benito Barreto (Nota de 1989).

54 Novamente: este ensaio foi escrito em 1970.

Guimarães Rosa e José Cândido de Carvalho[55] criaram o *novo* depois de digerir o outro Brasil, não o dos centros urbanos europeizados mas aquele de *Cobra Norato*, de Raul Bopp, das propostas de Tarsila e das intuições de Mário. Riobaldo, de *Grande sertão: veredas*, e Ponciano, de *O coronel e o lobisomem*, são os heróis dos novos tempos. Para quem não analisou *Grande sertão: veredas* sob este ângulo – sob o ângulo de um novo mundo que surge –, é impossível entender como pôde Guimarães Rosa criar um herói como Riobaldo em pleno século XX. Como foi possível estruturar uma personagem que, superando o problema fáustico inerente a uma concepção mítico-sacral da História e do mundo, chega à tranquilidade total através da aceitação da existência sem problematizá-la. "Existe o homem humano". E só. A questão – para mim, pessoalmente – era saber de onde Guimarães Rosa tirara tal herói quando a Europa, e todo o mundo ocidental europeizado, se debatia entre Kafka e Heidegger, entre Camus e Beckett. A questão era saber também como pudera José Cândido de Carvalho criar Ponciano, de *O coronel e o lobisomem*, um herói que se debate entre a atração de um agrupamento semiurbano e a vida de um mundo perdido, estruturado ainda em bases míticas, no qual a sereia e o lobisomem são aceitos como seres que integram de maneira normal o acontecer da existência. Para a questão só há uma resposta:

---

55 Ver nota anterior.

É preciso ver que Riobaldo e Ponciano[56] nada têm em comum com a Europa ou com o Brasil urbano. Nada têm em comum – pelo menos no mais recôndito de seu ser – com as personagens da ficção brasileira de antes e depois do Modernismo. Um e outro, Riobaldo e Ponciano, são o outro Brasil, o Brasil perdido, totêmico, atávico, o Brasil que faz parte da América Latina e do Terceiro Mundo. Para a compreensão a fundo do problema seria necessária uma análise detalhada de Riobaldo e Ponciano, o que aqui não é possível.[57]

Conclusão

Se alguém perguntasse como seria possível definir o romance brasileiro do Modernismo e como situá-lo em relação ao romance europeu da mesma época, poderia ser dada uma resposta em quatro tópicos que resumem a problemática até aqui apresentada:

1 – O romance europeu da época é a conclusão de um processo cultural e histórico, e ele – o romance – só pode ser definido através do passado, representado pela *síntese burguesa* europeia.

2 – O chamado *romance brasileiro do Modernismo* só pode ser definido através de seu futuro, porque faz parte do processo de eclosão de um fenômeno

---

56 E as personagens das demais obras integrantes do *ciclo da nova narrativa épica* (Nota de 1989).

57 Isto foi feito, em parte, em *Nova narrativa épica no Brasil*. 2.ed. Porto Alegre: Mercado Aberto, 1988 (Nota de 1989). E se encontra agora em *Riobaldo e eu*. Porto Alegre: BesouroBox, 2016.

sócio-histórico que se define como a ascensão e a integração, na história mundial, das culturas extraeuropeias, que até então haviam sido apenas objeto na história da hegemonia do Ocidente europeu. Tal processo sócio-histórico teve expressão literária, até o presente, em três movimentos essenciais: o *Nova Juventude*, na China, o Modernismo brasileiro e o atual romance latino-americano, fenômeno geograficamente difuso mas de importância capital.

3 – O romance brasileiro deste processo de ascensão que corresponde ao romance europeu da decadência não é o assim chamado *romance brasileiro do Modernismo* mas sim as obras fundamentais de Guimarães Rosa e José Cândido de Carvalho.[58]

4 – Que é, portanto, o chamado *romance brasileiro do Modernismo*? Ele é, em resumo, um fenômeno cultural integrante de um processo histórico que fora entrevisto racionalmente mas não estruturado poeticamente.

(1970)

---

58 Ver nota 50, p. 82, supra.

A DESAGREGAÇÃO DA NARRATIVA REAL-NATURALISTA

Com exceção da obra de Janete Gaspar Machado (v. adiante, nota 65, p. 111), "A desagregação da narrativa real-naturalista..." é o único ensaio que propõe e tenta construir uma visão abrangente e coerente do grande florescimento da ficção brasileira de temática urbana entre meados da década de 1960 e final da de 1980, segundo já foi antes mencionando acima (v. p. 20ss e 58ss).

Retomando o que ali se referiu, hoje parece não haver dúvidas de que aquele florescimento, aqui analisado, representou a derradeira vez em que, no Brasil, a literatura/a ficção foi "a alma da Pátria", para usar novamente a expressão de José de Alencar. Quanto ao mais, o ensaio é suficientemente claro.

IV
A DESAGREGAÇÃO
DA NARRATIVA REAL-NATURALISTA
CRISE CULTURAL E FICÇÃO NOS ANOS 70/80

O texto a seguir não tem qualquer pretensão de ser definitivo, nem muito menos. Aliás, não poderia tê-la, pois não passa de um simples *rascunho de projeto* para uma eventual análise do grande surto da ficção brasileira de temática urbana nos anos 70/80, em particular do romance. E tão rascunho é que é gritante a desproporção entre suas partes, pois praticamente se limita a uma *introdução*, detendo-se no momento em que se iniciaria de fato a análise do tema propriamente dito e, em vista disso, impropriamente usado como título. É possível, no entanto, que, apesar de sua precariedade, este desproporcionado esqueleto teórico sirva de base e/ou incentivo a eventuais discussões ou análises que, deixando de lado de uma vez por todas os obtusos e confusos conceitos e categorias de nossos manuais e literatos, aproxime a literatura, e em particular o romance brasileiro, do mundo real da História e do factual social, berço, por evidência, de toda manifestação artística. Aliás, já não seria sem tempo.

***

A desintegração da dominação colonial ibérica no final do século XVIII/início do século XIX e a expansão planetária do capitalismo anglo-francês, que se consolidara definitivamente depois do término das guerras napoleônicas, tiveram como consequência, nos trópicos americanos, a formação de unidades produtivas subsidiárias da economia central europeia, unidades estas comandadas por elites que, mais do que como prolongamento, se entendiam como parte das classes dirigentes da triunfante sociedade burguesa do Velho Mundo. Daí resultou que nestas sociedades semicoloniais caracterizadas por uma cultura dependente – ou de prolongamento[59] – se firmassem, não apenas como ideal mas também como fato, formas simbólicas, ou artísticas, semelhantes àquelas que então moldavam a música, a pintura, a arquitetura e a literatura, enfim, a produção cultural como um todo das elites europeias, urbanas, por suposto.

Ainda está para ser feito – e principalmente na área da literatura – o estudo aprofundado da função e da evolução destas formas simbólicas *derracinées* no espaço

---

59 Para uma análise da questão, v. "Dependência cultural, notas para uma definição", neste volume.

americano.[60] Na área da literatura, por exemplo, o que ainda dá o tom são as vulgares e pedestres tentativas de *adequar* – à força e com resultados não raro absurdos, é evidente – a produção brasileira às *escolas* e aos *estilos* europeus. Por mais ultrapassadas e desacreditadas que estejam, tais "teorias" ainda informam o *corpus* da historiografia e da crítica literárias brasileiras. Não entraremos, porém, nesta discussão. Nosso modesto objetivo aqui não vai além de sugerir que um estudo de boa parte do romance brasileiro de temática urbana dos anos 70/80 possivelmente indicaria, em primeiro lugar, a existência de uma clara ruptura dos típicos padrões tradicionais narrativos do realismo/naturalismo e, em segundo, apontaria para o fato de que esta ruptura é homóloga à crise cultural das elites urbanas do litoral num momento em que o país deixa de ser uma sociedade dependente, semicolonial e pré-industrial, para integrar-se – em posição, é óbvio, relativamente secundária, em termos econômicos – no macrossistema industrial planetário comandado pelas grandes nações do Ocidente.

Assim, de acordo com a proposta feita, analisaremos, de forma sumaríssima e, segundo foi dito, apenas com caráter de sugestão:

– o que é a forma narrativa realista/naturalista;

---

60 São exceção os estudos de Roberto Schwartz sobre a obra de Machado de Assis e alguns ensaios de João Hernesto Weber sobre o romance do século XIX e sobre *Memórias sentimentais de João Miramar*, este último in DACANAL, José Hildebrando *et al. O romance modernista – tradição literária e contexto histórico*. Porto Alegre: EDUFRGS, 1990.

– sua materialização no Brasil;
– a crise da referida forma no romance brasileiro de temática urbana nos anos 70/80.

A forma realista/naturalista

A forma narrativa realista/naturalista pode ser definida prática e sucintamente como aquela forma de narrar que está já presente de maneira clara, inequívoca, consolidada e completa em *Dom Quixote*, de Cervantes, e em algumas obras da dita *picaresca* espanhola do século XVII, alcançando nos séculos posteriores, em outros países da Europa, sua plena maturidade em romances exemplares como *Manon Lescaut*, *Moll Flanders*, *Pais e filhos*, *O pai Goriot*, *A educação sentimental*, *A feira das vaidades*, *Germinal*, *Os irmãos Karamazov*, *Guerra e paz* etc.

À parte os elementos temáticos e a perspectiva ética – ou concepção de mundo –, variáveis e específicos de cada obra em particular, o diferencial básico e essencial da forma narrativa realista/naturalista em relação a outras – não interessa se anteriores ou coetâneas, mas sempre diversas ou de diversa natureza – é o ser ela informada pela verossimilhança, de um lado, e pela pretensão da totalidade, de outro.

Pela verossimilhança porque toda narrativa realista/naturalista se pretende, por definição, semelhante à verdade, à realidade do mundo, entendida esta não apenas como verdade social – ou verossimilhança social, a que o folhetim, por exemplo, foge – mas como verdade determinada pela visão lógico/racional, científica e laica, do mundo,[61] do que resulta, necessariamente, sua pretensão à absoluta fidelidade a formas sociais de existência definidas e específicas de um espaço geográfico e de um tempo histórico determinados, sem abertura para o transcendente de qualquer natureza e vendo à distância tudo aquilo que rompa as leis do mundo físico.[62]

Pela pretensão da totalidade porque toda grande narrativa realista/naturalista se constrói, também por definição, como um amplo painel sócio-histórico permeado por uma concepção ética, ou visão de mundo, globalizante, não se restringindo jamais à fixação de dramas restritos ou problemas estritamente individuais.

Por outro lado, em termos formais, uma característica fundamental – que nasce das ou corresponde às de natureza temática acima referidas – da narrativa realista/naturalista é a sua *linearidade*, ou seja, a apresentação dos eventos em sequência lógica no tempo e no espaço, o que vulgarmente se verbaliza através da expressão *história com princípio, meio e fim.*

A narrativa realista/naturalista no Brasil

No Brasil, a narrativa realista/naturalista nasceu efetivamente no Rio de Janeiro nas últimas décadas da primeira metade do século XIX, materializando-se

---

61 V. DACANAL, José Hildebrando. *Nova narrativa épica no Brasil*. 2.ed. Porto Alegre: Mercado Aberto, 1988 (especialmente a introdução).

62 Id., ibid.

em uma série de obras amplamente conhecidas e dando início a uma tradição que se prolonga há cerca de um século e meio, surgindo tanto em grandes *surtos* ou *ciclos* que podem, com alguma razão, ser identificados didaticamente quanto em obras que, por este ou aquele motivo, não podem, sob hipótese alguma, ser submetidas a qualquer catalogação rígida, aliás um péssimo hábito da historiografia literária brasileira. À parte discussões teóricas, aqui deixadas de lado, é possível, precária e provisoriamente mas com alguma razão, identificar, ao longo da história do romance brasileiro, alguns *surtos* ou *ciclos* como:

– o romance da temática urbana de meados do século XIX (Almeida, Alencar, Macedo);

– o romance de temática histórica e o de temática indianista (Alencar);

– o romance de temática agrária – equivocadamente chamado de *regionalista* e às vezes diferenciado do qualificado de *sertanista*, aqui também incluído –, que, bastante diversificado, mostra vitalidade ao longo de toda a segunda metade do século XIX (Bernardo Guimarães, o próprio Alencar, Taunay, Távora, Oliveira Paiva etc.);

– o romance de temática urbana das últimas décadas do século XIX e dos primeiros anos do século XX – onde se incluem alguns dos grandes nomes de toda a ficção brasileira (Machado de Assis, Aluísio Azevedo, Adolfo Caminha, Lima Barreto, Raul Pompeia etc.);

– o romance paulista ou *modernista* dos anos 20 (os dois Andrade);

– o romance da temática agrária dos anos 30 (Graciliano Ramos, Erico Verissimo, José Lins do Rego etc.);

– a *nova narrativa* de temática agrária dos anos 50/60 e, finalmente,

– a ficção de temática urbana dos anos 70/80.

Mesmo que se considerem tais divisões precárias e provisórias, é possível, até numa observação superficial, levantar alguns aspectos importantes, se não fundamentais, no que diz respeito à trajetória do romance brasileiro e sua relação com a tradição da forma realista/naturalista:

– A forma realista/naturalista se mantém praticamente íntegra e incólume – com exceção de sua inversão irônica em *Memórias póstumas de Brás Cubas* – durante quase um século. É o romance do Rio de Janeiro e das cidades da costa atlântica, especificamente, ou, quando não, é o romance da visão do interior a partir do Rio de Janeiro e das cidades costeiras. Em resumo, é o mundo do Brasil agrário e pré-industrial do período imperial e das três primeiras décadas da República.

– A forma realista/naturalista se apresenta desintegrada ou, até, claramente contestada na ficção de Oswald e Mário de Andrade (*Memórias sentimentais de João Miramar, Serafim Ponte Grande, Macunaíma* e *Amar, verbo intransitivo*), mantendo-se precariamente em *Os condenados* e *Marco zero*. É o romance do espasmo e da crise dos princípios do Brasil moderno, industrial e urbano.

– O *romance de 30* marca um vigoroso renascer da tradição realista/naturalista, com obras que, como as de temática urbana do final do século XIX, alcançam o nível da grande narrativa ocidental-europeia. Este *romance de 30* tem por palco as regiões socioeconômicas periféricas ao núcleo do sudeste cafeeiro e apresenta as unidades econômicas subsidiárias que se renovam, se agitam e passam a ter voz na Federação. Como contrapartida artística à Revolução de 30, a ficção de temática agrária que se firma nesta mesma década mostra a nova face de uma nação que se moderniza e se integra mas que permanece ainda nos limites da região costeira e de sua visão de mundo.[63]

– A *nova narrativa* de temática agrária dos anos 50/60 – *Grande sertão: veredas, O coronel e o lobisomem, A pedra do reino, Sargento Getúlio, Os Guaianãs* e *Chapadão do Bugre* – mostra um rompimento com a forma realista/naturalista, tanto na temática quanto tecnicamente, e revela a realidade mítico-sacral, pré-racional, do interior brasileiro. É a voz do mundo caboclo-sertanejo, que, antes de desaparecer diante do avanço avassalador do mundo urbano-industrial da costa, se apresenta a partir de si próprio e não mais a partir da visão lógico-racional da costa.[64]

---

63 Cf. DACANAL, José Hildebrando. *O romance de 30*. 4.ed., Porto Alegre: BesouroBox, 2018.

64 Id., *Nova narrativa épica no Brasil*.

– Finalmente, na ficção de temática urbana dos anos 70/80 – e de maneira muito clara no romance – a forma realista/naturalista se desintegra completamente.

A desintegração nos anos 70/80

Esta desintegração da forma realista/naturalista no romance – evidente tão ou mais expressivamente também no conto – se revela em algumas obras paradigmáticas como, por exemplo, *O caso Morel*, de Rubem Fonseca, *Zero*, de Ignácio de Loyola Brandão, *A festa*, de Ivan Angelo, *Confissões de Ralfo*, de Sérgio Sant'Anna, *Os homens de pés redondos* e *Essa terra*, de Antonio Torres, *Reflexos do baile*, de Antonio Callado, e *As meninas*, de Lygia Fagundes Telles, para citar apenas alguns romances mais conhecidos, que, sem dúvida, estão entre os mais representativos e importantes desta tendência.

Até agora existem poucas análises a respeito desta fase extremamente complexa e produtiva da ficção e do romance brasileiros.[65] Contudo, em termos sucintos e provisórios, talvez seja possível levantar algumas questões pertinentes.

Em primeiro lugar, no que diz respeito à tradição da forma realista/naturalista, o romance brasileiro de

---

65 Um ensaio e um livro devem ser lembrados: o primeiro, sob o título "Rubem Mauro Machado e a desagregação do real-naturalismo", escrito por mim, foi publicado in MACHADO, Rubem Mauro. *Jacarés ao sol* (São Paulo: Ática, 1978). O segundo, *O romance brasileiro nos anos 70 – fragmentação social e estética*, de Janete Gaspar Machado (Florianópolis: UFSC, 1981), é um texto fundamental. Apesar de alguns problemas de ordem técnica e teórica, a obra de Janete Gaspar Machado é a mais sólida e ampla análise existente sobre o assunto.

temática urbana dos anos 70/80 apresenta um rompimento radical no que se refere à pretensão de uma totalidade ética e à linearidade narrativa.

Em relação ao primeiro ponto, a pretensão da totalidade simplesmente desaparece. Mais ainda: não raro ela é posta diretamente em questão, como ocorre em *O caso Morel*, onde um dos temas fundamentais, se não o fundamental, é exatamente a diversidade dos pontos de vista ou, o que é mais radical ainda, a impossibilidade do estabelecimento de uma concepção globalizante e totalizadora do mundo. Esta característica é também comum aos demais romances citados, se bem que neles a questão não se explicite de forma tão contundente como nesta obra de Rubem Fonseca, na qual ela é o núcleo central do enredo. O mundo está destroçado e não há como remontar seus estilhaços nem como organizar um *ethos*. As personagens padecem de total desorientação, sendo incapazes de organizar-se a si próprias e, muito menos, de ordenar o mundo à sua volta. Desesperadas, buscam uma verdade, sem saber se há possibilidade de encontrá-la. Ou nem mesmo a buscam, limitando-se a sofrer ou a protagonizar a desordem, a violência física e moral e a destruição das formas de convivência social.

Em relação ao segundo ponto, a linearidade narrativa, ocorre idêntico processo, parecendo haver perfeita correlação com o primeiro. À desintegração ética corresponde a desintegração técnica, com a estrutura narrativa revelando-se desordenada, sincopada, fragmentada e geralmente – para utilizar uma expressão de alguns manuais – sem um *foco narrativo*, ou ponto de vista, único ou claramente definido. Mais uma vez, *O caso Morel* é paradigmático sob este ângulo, pois coloca em questão, de forma explícita, a identidade do narrador-protagonista, fazendo com que a fluidez e a incerteza sejam a própria natureza do mundo narrado.

Esta fluidez e esta incerteza atingem, pelo menos parcialmente, a própria verossimilhança, base fundamental da concepção sobre a qual se organiza a forma do romance realista/naturalista. Contudo, tal não ocorre por um rompimento das leis do mundo físico – rompimento que caracteriza algumas obras da *nova narrativa* de temática agrária – mas pela instauração da dúvida como norma geral do mundo, pela descrença em um parâmetro, não apenas ético mas também global, pelo qual se possa aferir a realidade.[66]

Este é o romance – e, por extensão, a ficção, pois que o conto é tão ou mais contundente ainda – da crise da sociedade urbana do litoral, atingida pelas brutais transformações econômicas, sociais e políticas, que já se prenunciavam nos anos 50 mas que se materializaram efetiva e integralmente a partir do final dos anos de 1960, alcançando o auge na década de 70 e prolongando-se, em rescaldo, pela de 80. É o romance da era do

---

66 Falamos aqui, especificamente, de *O caso Morel* e, genericamente, de outras obras semelhantes. É evidente que as de temática caracterizada pelo *fantástico* – grande parte da produção de J. J. Veiga, Moacyr Scliar e outros – também refletem um mundo em crise, mas o fazem *tecnicamente* dentro de outras coordenadas, pois a ficção do *fantástico* é o correspondente inverso ao romance realista/naturalista. Sobre isto, cf. *Nova narrativa épica*, ib.

interregno militar, da desintegração das estruturas políticas e culturais pós-30, da guerrilha urbana e rural, da industrialização acelerada, das grandes migrações no sentido campo-cidade e do consequente e monstruoso inchamento das megalópoles da costa, da miséria e da violência física e moral, do ingresso da mulher no mercado de trabalho e da transformação das estruturas familiares do passado, da crise e das mudanças na Igreja Católica, da integração – via modernos meios de transporte e de comunicação instantânea – do país real, que, pela primeira vez em sua história, tende a se identificar com o país legal. Em resumo, é o romance que fixa os estertores da sociedade dependente e sua progressiva cosmopolitização sob a égide do grande capital paulista/multinacional, é o romance que reflete a definitiva e global transformação do Brasil em uma sociedade urbano-industrial, num quadro tanto de vertiginoso crescimento econômico quanto de concentração dos frutos deste crescimento nas mãos de uma parcela reduzida da população, segundo os moldes clássicos do desenvolvimento industrial em países da periferia capitalista.

Como tal, o romance brasileiro de temática urbana dos anos 70/80 revela um mundo que perdeu suas coordenadas éticas e que, por isto, *oscila perigosamente*, para citar Michel de Montaigne. Nada a admirar que assim seja, pois, voltando ao início, a História é, por definição e evidência, o berço da arte, que da inconsútil túnica de Clio é, se não o único, pelo menos o mais palpável vestígio deixado aos pósteros ao longo da aventura humana.

(1991)

GRANDE SERTÃO: VEREDAS
A OBRA, a HISTÓRIa E a CRÍTICa

Hoje, à distância de mais de duas décadas, me parecem perfeitamente justificadas as razões – jamais enunciadas – pelas quais os editores da revista em questão (v. a seguir nota 67, p. 117) recusaram-se a publicar "Grande sertão: veredas, a obra, a História e a crítica". O que se pode hoje dizer é que o texto não perdeu sua contundência estilística nem, muito menos, sua atualidade temática. E duas observações talvez sejam pertinentes:

1 – Depois do affaire *do plágio (v. nota e p. citadas acima), o editor brasileiro da revista em questão enviou-me longa carta – que ainda guardo – demonstrando perplexidade e confessando não ter explicação cabível para o episódio. Quanto ao plagiador, continua dando aulas no Rio de Janeiro e mantendo rigoroso silêncio.*

2 – Este ensaio é apenas pequena parte do que escrevi sobre a obra de Guimarães Rosa. Inclusive, Grande sertão: veredas *foi tema de minha tese de Doutorado, apresentada na Universidade Federal do Rio Grande do Sul em 2009 e publicada, juntamente com vários outros ensaios, sob o título de* Riobaldo & eu – a roça imigrante e o sertão mineiro *(Porto Alegre: BesouroBox, 2016).*

V
GRANDE SERTÃO: VEREDAS
A OBRA, A HISTÓRIA E A CRÍTICA[67]

Possivelmente,[68] na história da literatura brasileira do século XX, nenhuma obra de ficção, isoladamente, provocou tanto impacto quanto *Grande sertão: veredas*, publicado em 1956. De fato, o romance do médico e já então diplomata de carreira João Guimarães Rosa causou verdadeira sensação, não apenas entre os que estavam ligados, de uma ou de outra forma, à

---

67 Escrito originalmente, a pedido, no início da década de 1990, para uma revista norte-americana de literatura, este ensaio foi recusado, certamente por seu estilo pouco adequado à literatice acadêmica. O que não impediu que, poucos meses depois, um conhecido professor do Rio de Janeiro publicasse, na mesma revista, um artigo contendo ideias e até termos claramente plagiados do ensaio rejeitado. Senti-me honrado. E mais ainda me sentiria se a fonte tivesse sido citada...

68 As ideias expostas ao longo deste ensaio foram desenvolvidas em artigos e ensaios escritos nos últimos vinte anos (em sua maior parte presentes neste volume).

produção e à circulação da arte e da literatura como também na opinião pública em geral, entendida esta como o conjunto dos grupos sociais médios e superiores dos grandes núcleos urbanos da costa atlântica, já integrados à malha dos meios de comunicação de massa que então começava a consolidar-se no país. E foi assim que, mesmo na ausência de um planejamento ou de uma estratégia de *marketing* no verdadeiro sentido do termo – as editoras brasileiras apenas a partir do final da década de 70 começaram a organizar-se como verdadeiras empresas capitalistas –, uma obra que bem pode ser qualificada de *difícil* e é quase ilegível para o grande público tornou-se verdadeiro *caso nacional* e foi, durante anos e anos, tema obrigatório de todo integrante da *intelligentsia* brasileira. De tal maneira que, extrapolando o terreno e os limites da área estritamente linguística e literária, todo intelectual que se prezasse ou que assim se considerasse sentia-se obrigado, por uma questão de prestígio, a emitir conceitos e opiniões a respeito do romance. Isto provocou o aparecimento, no espaço de alguns anos, de uma vasta bibliografia,[69] materializada em centenas de livros, ensaios e artigos de jornal, num fenômeno raro, se não inédito, na história da ficção brasileira. Como não podia deixar de ser, a qualidade destas análises e interpretações é muito

---

69 Grande parte desta bibliografia foi arrolada por Plínio Doyle e está contida na obra *Em memória de João Guimarães Rosa.* Rio de Janeiro: José Olympio, 1986.

irregular, com algumas delas situando-se claramente no terreno do inadequado, do ridículo ou, até mesmo, do hilariante. Inadequado, para dizer pouco, é, por exemplo, supor – num velho viés da mente colonizada – a existência de influências de Joyce ou de outros autores estrangeiros sobre João Guimarães Rosa; ridículo foi, apesar de compreensível – em virtude do intenso debate ideológico e da radicalização política das décadas de 50 e 60 –, acusar, à época, o Autor de reacionário por afastar-se completamente do que então se chamava de *literatura engajada*;[70] e hilariante, pelo menos, é o qualificativo que deve ser aplicado à "descoberta" de uma suposta tendência homossexual não só no protagonista do romance como no próprio romancista, tendência que transpareceria na obra por esta apresentar uma mulher, Maria Deodorina da Fé Bettancourt Marins – a Diadorim –, travestida de cangaceiro, a despertar a paixão amorosa do protagonista, Riobaldo, que fica confuso e inseguro por não compreender sua "estranha" inclinação por um companheiro de jagunçagem...[71]

---

70 A acusação poderia ter alguma coerência técnica se referida à obra em si. De fato, a *visão política*, se assim pode ser chamada, de Riobaldo é profundamente conservadora, para não dizer reacionária, no que diz respeito a seu papel de agente exterminador da jagunçagem, do que se vangloria, ao final, já como grande fazendeiro. Disto, porém, ninguém se lembrou, preferindo-se atacar o Autor, por seu *não-engajamento* pessoal, ou a obra, por não tratar de temas políticos que estavam na ordem do dia.

71 Trata-se, como é óbvio, de um monumental equívoco de dupla face, originado de uma inacreditável mistura de má leitura com biografismo. Em primeiro lugar, é um crasso erro de leitura pretender que *Grande sertão: veredas* apresente algo que mesmo de longe lembre temática homossexual. O problema de Riobaldo é que ele, por *desconhecer a identidade feminina*

Seja como for, mesmo – ou principalmente – interpretações tecnicamente tão pouco sérias como as referidas refletem muito bem o grande impacto que significou a publicação de *Grande sertão: veredas* e a perplexidade que tomou conta não só dos setores ligados à área da literatura como até de amplos segmentos da opinião pública mais ou menos intelectualizada. Por uma série de razões[72] que seria longo expor aqui, este impacto foi se diluindo ao longo das décadas seguintes, sendo seguido de certa retração ou, até, do esquecimento,[73] de tal maneira que a obra é pouco estudada e, principalmente, muito pouco lida. Não obstante isto, ou por isto mesmo, talvez seja interessante, mais de três décadas depois, perguntar pelos fatores que fizeram de *Grande sertão: veredas*, à época, um ponto de referência da *intelligentsia* brasileira e pela origem das reações despertadas.

Assim, fugindo a um levantamento exaustivo e rigoroso da questão e ficando apenas nos limites de um

---

de Diadorim/Maria Deodorina, se assusta ao sentir-se atraído por ela, podendo dizer-se, portanto, e ao inverso de tal fantasiosa interpretação, que a questão surge porque seu faro masculino era por demais desenvolvido... Em segundo, mesmo admitindo, *ad argumentandum*, que este tema esteja presente na obra, qual seria o sentido de interpretá-lo como sinal de suposta tendência homossexual de João Guimarães Rosa? Pareceria bem mais coerente, aliás, supor que tais análises fantasiosas revelem o *wishfullthinking* de seus autores...

72 Modas, dificuldades de leitura, surgimento de outras obras semelhantes, ampliação da visão histórica, descolonização intelectual das elites, industrialização e preponderância da televisão, com a consequente redução da importância da leitura etc.

73 Rompido, é verdade, com a produção, em 1985, da minissérie da Rede Globo de Televisão, com o que se popularizou o nome da obra, mas não sua leitura.

apanhado genérico, se bem que não necessariamente superficial, pretendo tratar rapidamente de três aspectos histórico-literários que talvez apresentem algum interesse para os leitores de *Grande sertão: veredas*, principalmente os leitores estrangeiros. Como é óbvio, tais aspectos estão intimamente interligados e sua apresentação por itens separados é um mero recurso de organização didática. Assim, vejamos:

– intrinsecamente: o novo em *Grande sertão: veredas*;

– extrinsecamente: as causas da reação;

– historicamente: para além fronteiras.

Intrinsecamente: o novo em *Grande Sertão: Veredas*

Do ponto de vista da obra em si, *Grande sertão: veredas* significou o aparecimento de algo completamente novo – ou até estranho – em relação à ficção brasileira anterior, tanto no que tange à linguagem quanto à temática e à própria estrutura narrativa.

No que diz respeito à linguagem, foi este o aspecto que provocou maior impacto, pelo menos em termos imediatos. E é fácil explicar por quê. Toda a produção literária brasileira até a época – e a ficção não representava qualquer exceção – permanecera rigorosamente nos limites da hoje chamada *forma culta* do português,[74]

---

74 Há duas exceções importantes, que, exatamente pela força da norma dominante, permanecem até hoje como tais. Em *Macunaíma*, Mário de Andrade tenta, em alguns momentos, aproximar a linguagem *culta* de *formas populares*, não

que não é senão, em última instância, a língua já fixada no século XVI, como se pode perceber em *Os Lusíadas*, de Camões, e transformada na variante oficial das classes dirigentes e da administração do Império português, então em seu apogeu. Compreensivelmente, foi esta a variante que se impôs também nas colônias, fixando-se definitivamente como língua oficial[75] em todo o espaço lusófono e barrando ou eliminando a possibilidade da ocorrência nela de transformações significativas, independente das vicissitudes políticas e econômicas (decadência e fim do Império português, influência anglo-francesa, independência administrativa das colônias, modernização, industrialização, dominação norte-americana, influência soviética na África etc.) ao longo de quase meio milênio.[76] No Brasil não foi diferente. E assim, como língua da administração, das classes dirigentes e de parte da população dos núcleos urbanos da costa atlântica (onde, por suposto, aquela e estas se localizavam), transformou-se no que hoje se chama de *norma urbana culta* do português, pela qual se expressou e se expressa toda a produção literária e em função da qual todo desvio foi e é visto como

---

aceitas pela gramática. Para tanto introduz, por exemplo, alterações morfológicas através da escrita fonética (*milhor* em vez de *melhor* etc.). Em *Memórias sentimentais de João Miramar*, Oswald de Andrade procurou, a partir da referida norma culta, criar neologismos como *beiramarar* etc. Tais tentativas, contudo, permanecem até hoje como corpos estranhos na língua e na ficção brasileiras.

75 E hoje como variante praticamente única.

76 Sobre a língua como fenômeno condicionado às realidades sociais e econômicas cf. DACANAL, José Hildebrando. *Linguagem, poder e ensino da língua*, Porto Alegre: BesouroBox, 6.ed., 2018.

um erro ou *produto da ignorância* e, portanto, como identificador, na ficção, de personagens integrantes de grupos sociais inferiores. Contudo, o Brasil nunca fora apenas a costa, seus núcleos urbanos, sua administração e sua classe dirigente, nem, por isto mesmo, falara ou utilizara exclusivamente a chamada *norma culta* do português. É impossível analisar aqui detidamente o assunto mas é óbvio que a partir de meados do século XVII, quando frentes pioneiras, por motivos diversos, começaram a avançar rumo ao interior, ocupando espaços e regiões cada vez mais distantes[77] da costa e dos núcleos urbanos,[78] dedicando-se à agricultura de subsistência, à pecuária extensiva e eventualmente ao garimpo, começava também a formar-se o que depois viria a ser conhecido como o *Brasil caboclo-sertanejo* – nas regiões centro-norte e nordeste, tendo como grande radial integradora o rio São Francisco – e o *Brasil caipira* – nas regiões sudeste e sul, na primeira identificando-se com as áreas de domínio da produção cafeeira nos estados do Rio de Janeiro e São Paulo, desde inícios do século XIX, e na segunda tendo por base a pecuária extensiva nos planaltos do Paraná

---

77 E é preciso lembrar que, para a época e para a região, dada a carência de estradas e dos meios modernos de comunicação e transporte, o conceito de *distância* era muito diferente do atual. Naquelas condições, distâncias superiores a 50 ou 100km representavam, para uma comunidade, um fator de isolamento quase completo.

78 Pelo motivo referido na nota anterior, *núcleo urbano* era então sinônimo de *costa*, a não ser nos casos excepcionais das comunidades baseadas sobre a atividade mineradora, como as cidades do interior de Minas, as quais, não por nada, a partir do esgotamento das lavras, involuíram e ficaram praticamente desabitadas.

e Santa Catarina.[79] Destacando-se pouco a pouco da costa e/ou dos núcleos urbanos, em cada uma destas regiões formaram-se, ao longo do tempo, sociedades ou comunidades verdadeiramente autônomas em todos os planos, incluindo o das manifestações culturais e artísticas[80] e o da linguagem. Esquecidas, ignoradas ou nem percebidas[81] pelo mundo da costa e dos grupos sociais dominantes, voltados, econômica e culturalmente, para a Europa, era natural que nestas sociedades isoladas, dispersas e praticamente ágrafas, sem escolas, sem livros e, portanto, sem gramáticas, o português evoluísse ou se desviasse autonomamente em relação à língua que se impusera em Portugal como dominante a partir de inícios do século XVI, do que resultaram variantes bastante diferenciadas em relação a esta e até entre si. Este tema recebeu até hoje, compreensivelmente, pouca atenção, mesmo porque tais variantes já desapareceram ou estão em franco processo de extinção a partir de meados do século XX, com a aceleração do processo de integração urbano-industrial do subcontinente brasileiro na década de 70 via implantação dos modernos meios de comunicação instantânea e transportes rápidos. De qualquer maneira,

---

79 No que se refere à região sul, nos estados de Paraná e Santa Catarina, ela possui – ou possuía – características que a aproximavam mais da sociedade caboclo-sertaneja das regiões norte e nordeste. Foi ali, aliás, no limite entre os dois estados, que se desenrolou a chamada Guerra do Contestado, uma das mais impressionantes – ao lado do episódio de Canudos – rebeliões do Brasil arcaico.

80 O artesanato do couro, do barro, da madeira, a literatura dos cantadores etc.

81 Com a exceção de Euclides da Cunha, que, com quase um século de antecipação, previu o desaparecimento da sociedade caboclo-sertaneja.

o que é indiscutível é que, em primeiro lugar, a tão falada *recriação* linguística de João Guimarães Rosa não é tão profunda como quiseram ou querem fazer crer literatos e linguistas cegos à realidade histórica e, em segundo, que se tal recriação existe – e é claro que existe – ela se processa sobre a variante sertaneja ou caboclo-sertaneja do português. *E não, absolutamente não, sobre a chamada norma urbana culta acima referida.* Que isto não fosse percebido por ocasião do aparecimento de *Grande sertão: veredas* ainda se compreende. Inaceitável é ignorar a questão mesmo depois do surgimento de outras obras também marcadas profundamente pela variante caboclo-sertaneja, como *Sargento Getúlio* (João Ubaldo Ribeiro), *O coronel e o lobisomem* (José Cândido de Carvalho) e *Os Guaianãs* (Benito Barreto). Contudo, mais lamentável ainda é que o máximo de sofisticação a que se tem chegado na análise da linguagem de tais obras seja afirmar que seus autores sofreram a influência de João Guimarães Rosa...

Se foi, sem dúvida, o aspecto linguístico de *Grande sertão: veredas* que provocou maior impacto em termos imediatos, sua temática também surpreendeu. E este espanto resultou – e até hoje resulta –, como no caso da linguagem, da falta de visão histórica por parte da *intelligentsia* literária e da decorrente ignorância em relação à sociedade caboclo-sertaneja brasileira. Pois, decididamente, é dela que trata *Grande sertão: veredas*, que foi a primeira obra a fixá-la artística e literariamente. E, mais importante ainda, a fixá-la não a partir de uma visão extrínseca do mundo da costa mas a partir dela própria, a partir da própria cultura caboclo-sertaneja.[82] Em primeiro lugar, como estudos posteriores revelaram de forma incontestável,[83] desmontando teorias em contrário e suposições sem fundamento, a ação de *Grande sertão: veredas* se desenrola numa região histórica e geograficamente determinada, tanto que os topônimos – muitos deles considerados antes meras "invenções" do autor – de fato existiram ou existem até hoje. Não por mera coincidência, é claro, esta região é aquela em que, por volta da virada do século XX e nas três décadas seguintes, os fenômenos do coronelismo, da jagunçagem e do cangaço atingiram seu apogeu,[84] que ocorre durante a época da chamada República Velha e que se identifica com o período de maior autonomia da sociedade caboclo-sertaneja no centro-norte e nordeste do

---

82 À obra de João Guimarães Rosa seguiram-se *O coronel e o lobisomem*, de José Cândido de Carvalho; *Chapadão do Bugre*, de Mário Palmério; *Sargento Getúlio*, de João Ubaldo Ribeiro; *A pedra do reino*, de Ariano Suassuna; e o monumental *Os Guaianãs*, de Benito Barreto. Evidentemente, ficcionistas brasileiros anteriores já haviam, de uma ou de outra forma, tentado fixar tematicamente a sociedade caboclo-sertaneja, e entre eles podem ser citados José de Alencar, com *O sertanejo*; Bernardo Guimarães, com *O garimpeiro*; Alfredo d'Escrangnolle Taunay, com *Inocência*; Franklin Távora, com *O Cabeleira*; Afonso Arinos, com *Pelo sertão*; Manuel Oliveira Paiva, com *Dona Guidinha do Poço*; Domingos Olympio, com *Luzia-homem* etc. Qualificados de *sertanistas* pela visão crítico-literária tradicional, tais autores – com a única exceção, em alguns momentos, de Afonso Arinos – fixaram a sociedade caboclo-sertaneja sempre a partir de uma perspectiva extrínseca a ela e, pelo menos no caso dos três primeiros, completamente artificial. O que é compreensível: mais uma vez, era o mundo da costa observando o interior exótico e distante...

83 Cf. VIGGIANO, Alan. *Itinerário de Riobaldo Tatarana*. Belo Horizonte: Comunicação/MEC, 1974; 2.ed. Porto Alegre: Mercado Aberto, 1992.

84 A bibliografia a respeito do assunto é pouca, dispersa e relativamente frágil. É, sem dúvida, um dos muitos temas da história do Brasil que estão à espera de uma pesquisa sistemática e aprofundada.

país. Também não por mera coincidência, sua decadência e seu completo desaparecimento podem ser observados nos anos que se seguem à Revolução de 30.[85] Em segundo lugar, se isto tivesse sido percebido não teria havido tanto espanto diante da visão de mundo que informa a obra e se revela através de suas personagens, principalmente de seu protagonista-narrador, Riobaldo. Como foi visto, a sociedade caboclo-sertaneja formara-se exatamente a partir do avanço das frentes pioneiras de colonizadores, nos séculos XVII e XVIII, e evoluíra desligada dos núcleos urbanos da costa e da cultura, modernizada e racionalista, de suas elites, que por volta do início do século XIX se integram definitivamente, como caudatárias e dependentes, ao processo de expansão do capitalismo anglo-francês. De maneira que, em terceiro lugar, é fácil perceber, numa perspectiva histórica, que a problemática metafísica e teológica de Riobaldo e os elementos míticos, pré-racionais e "medievais"[86] presentes na obra se ligam à cultura ibérica – profundamente marcada pela concepção religiosa de mundo – e refletem a evolução desta cultura no seio da sociedade caboclo-sertaneja brasileira ao longo

---

85 Este desaparecimento foi resultado da centralização administrativa, da industrialização, da urbanização e da expansão dos modernos meios de comunicação e transporte. Enfim, resultado da progressiva e rápida homogeneização urbano-industrial do país então iniciada.

86 Claro que tais elementos são *medievais* apenas circunstancialmente. O que geralmente ocorre é que quem assim os qualifica parece julgar ter havido um "contrabando indevido" dos mesmos da Idade Média para o mundo moderno! Pelo contrário, é necessário entender que *a concepção medieval sobreviveu*, em condições muito específicas, no *hinterland* brasileiro e latino-americano.

de cerca de três séculos,[87] à margem do pensamento racionalista da Europa pós-renascentista e capitalista e dos núcleos urbanos das periferias coloniais a ela umbilicalmente ligados. Isto posto, é fácil compreender o desarvoramento e a confusão dos críticos e literatos brasileiros diante de *Grande sertão: veredas* e de obras semelhantes posteriormente surgidas.[88] Pois não há santo que ajude a inserir Riobaldo e seus pares na rasteira e tacanha "teoria" da *periodização por estilos* e na evolução "linear" da ficção brasileira de acordo com a noção de *escolas literárias*!... Não há também santo que explique, no marco destas pseudoteorias, como Riobaldo poderia aparecer depois de Rubião, Bento Santiago, Paulo Honório etc.! Coerentemente, pois, se por *ficção brasileira* se entender a produzida nos e sobre os núcleos urbanos da costa atlântica a partir de meados do século XIX, Riobaldo não pertence a ela. É claro, o Brasil não era só a costa, mas como fazer entender isto àqueles para quem o interior nunca existira? Finalmente, para encerrar este item referente à temática, o mesmo se pode dizer da donzela que vai à guerra travestida de homem para ocultar sua identidade feminina. É evidente que o tema se presta, no contexto da obra como um todo, a interpretações marcadas pelo possível

---

87 Como subsídio à análise da questão, especificamente no que diz respeito à obra de João Guimarães Rosa, cf. ARROYO, Leonardo. *A cultura popular em Grande sertão: veredas*. Rio de Janeiro: José Olympio, 1984.

88 É reveladora a inexistência quase completa de estudos críticos sobre obras como *O coronel e o lobisomem*, *Chapadão do Bugre*, *Sargento Getúlio*, *A pedra do reino* e *Os Guaianãs*.

caráter simbólico de Diadorim/Maria Deodorina, mas não é possível negar nem esquecer que ele encontra sua origem no *trauma da ausência do filho varão*, trauma próprio das sociedades guerreiras ou das dedicadas ao pastoreio extensivo – e a sociedade caboclo-sertaneja, na época do coronelismo, era, em algumas regiões, uma mistura de ambas. Nelas, aos clãs dominantes era imprescindível a existência de um filho varão para dar continuidade à linhagem de sangue e, consequentemente, ao poder familiar. A falta do filho, futuro patriarca a reger o clã, significava, inevitavelmente, a assimilação por parte de outro clã, via casamento, ou o total desaparecimento, via extermínio. Aliás, sempre e mais uma vez não por mera coincidência, as duas alternativas estão presentes em *Grande sertão: veredas*. A primeira no caso de Otacília, mulher de Riobaldo, filha única do fazendeiro Sô Amadeu, a segunda no caso de Maria Deodorina/Diadorim, também presumível filha única do também fazendeiro e *coronel* Joca Ramiro.

No que se refere à estrutura narrativa de *Grande sertão: veredas*, a questão pouca atenção mereceu, à época de sua publicação e mesmo depois, apesar de apresentar duas inovações de crucial importância, se referidas à economia geral da obra, e que mostram a genialidade – intuitiva ou não – de João Guimarães Rosa. É verdade que a pouca atenção dada ao problema talvez encontre explicação no fato de que, à primeira vista, a obra se estruture de acordo com um dos mais usuais e antigos esquemas da tradição narrativa ocidental e mesmo brasileira: o narrador onisciente que, em primeira pessoa, faz o relato de seu passado. Contudo, esta forma tradicional é profundamente enganosa, pois ela encobre, ou tende a encobrir, dois aspectos fundamentais. O primeiro deles é a presença de um interlocutor, uma inovação que carrega um profundo simbolismo. É verdade que este interlocutor é completamente mudo, de maneira que o relato de Riobaldo, o protagonista-narrador, jamais perde a característica técnica de um longo e ininterrupto monólogo. Contudo, o *interlocutor existe de fato*, é *descrito* como um *doutor* que se desloca pelo sertão em um jipe e que, de caderneta em punho, vai anotando o relato, permitindo-se lá de vez em quando algumas risadas ou um cético torcer de boca. Na realidade, esta inovação é um achado simples e ao mesmo tempo genial do Autor, pois através dela se caracteriza claramente uma situação em que o *doutor* é o representante de uma cultura letrada – a da costa e de seus núcleos urbanos, obviamente – que fixa para a posteridade o sertão e sua cultura oral – a sociedade caboclo-sertaneja – no momento em que ambos, o sertão e a cultura oral, estão em vias de desaparecer.[89] É claro que, deixando à parte esta explicação de caráter nitidamente histórico, pode-se também, numa perspectiva mais chã mas nem por isto menos correta, ver no *doutor* a personificação do autor, genericamente tomado, que busca

---

89 Para uma análise mais ampla da questão cf. *Riobaldo & eu*. Porto Alegre: BesouroBox, 2016.

na realidade viva do mundo que o cerca a matéria de sua criação artística. Um segundo aspecto fundamental da estrutura narrativa da obra é sua não-linearidade, isto é, os eventos relatados não estão, pelo menos até a metade, na ordem sequencial/cronológica em que ocorreram, pois o protagonista-narrador faz amplo uso do que – na moldura do romance como um todo – poderia ser classificado de *flashback* invertido, ou *antecipação*. O que aqui é importante, porém, não é a não-linearidade em si, elemento já levantado por muitos críticos, mas o sentido dela, que parece ser claro: buscar uma identificação, ou pelo menos uma aproximação, com a estrutura das narrativas orais (seja em culturas ágrafas, seja em culturas letradas). Também podem ser vistos sob este ângulo os pequenos relatos, os diálogos e as "citações" embutidos no longo monólogo de Riobaldo.

Extrinsecamente: as causas da reação

De uma perspectiva extrínseca e inversamente correspondente à anterior, deve-se perguntar pelas causas do verdadeiro choque da *intelligentsia* – e, em particular, dos literatos – e dos leitores brasileiros em geral diante de *Grande sertão: veredas*.

Em primeiro lugar, para o Brasil litorâneo e suas elites o interior do país praticamente não existiu, pelo menos até meados do século XX – e para tanto basta ver, por exemplo, a reduzida ou mesmo nula importância dada aos episódios de Canudos e do Contestado, para falar apenas nestes dois, que se configuraram como verdadeiras guerras civis localizadas, as quais, apesar de envolverem modernos e numerosos recursos bélicos e dezenas de milhares de pessoas e combatentes – cifras mais do que ponderáveis se considerado o total da população do país à época –, sempre foram vistos como eventos periféricos e de reduzida importância. Se isto se torna perfeitamente compreensível à luz do fato de que a economia brasileira da época, na faixa litorânea, era totalmente, ou quase, complementar à do capitalismo europeu/norte-americano, gerando, como natural consequência, uma sociedade voltada ideológica e culturalmente para o exterior, mesmo assim não modifica em nada o peso absoluto dos episódios referidos, como bem o entendeu Euclides da Cunha – historiador brilhante e notável exceção no mundo cultural brasileiro – em *Os sertões*.

Em segundo, decorrência óbvia do acima dito, a visão de mundo dos intelectuais brasileiros foi sempre a de colonizados mentais, incapazes – pela dependência cultural em relação à Europa – de perceberem sua própria realidade histórica e a da sociedade na qual se inseriam. Se é verdade que nos textos do mencionado Euclides da Cunha – um intelectual de formação científica, um engenheiro formado nas escolas militares da época –, nos artigos de Lima Barreto – um brilhante romancista e jornalista que se automarginalizou por não suportar a mediocridade do *establishment* cultural

–, nos ensaios de Mário de Andrade – um produto típico do cosmopolitismo paulista dos anos 20/30, quando nasce o Brasil urbano/industrial – e nos de Astrogildo Pereira – um militante político e fundador do PCB, se é verdade que neles já se anuncia a superação da colonização mental e cultural, é fato também que não só eram exceções como, ainda, foram considerados, em seu tempo e mesmo posteriormente, verdadeiros hereges no meio intelectual, pelo menos até depois de meados do século XX, quando uma nova geração de economistas, historiadores e sociólogos – caudatários e ao mesmo tempo produto das transformações ocorridas no Brasil com a Revolução de 30 e a crescente industrialização – voltaram decididamente seus olhos para a realidade brasileira e passaram a analisá-la e a interpretá-la a partir dela própria.

De fato, o mundo mudara rapidamente e, se se recordar que a visão folclórica e ufanista de Gilberto Freire em *Casa grande e senzala* era considerada moderna, radical e até revolucionária ainda na década de 1960, é mais do que compreensível que os precursores da descolonização tivessem que pagar o preço do esquecimento, da marginalização e até do desprezo.[90]

No segmento da *intelligentsia* ligado à análise e interpretação da produção artística e, especificamente, literária, a situação não era diferente. Bem pelo contrário.

---

90 Ou da clara deturpação. Euclides da Cunha, por exemplo, é visto até hoje como racista, o que é uma interpretação espantosa para quem leu o prefácio e o último capítulo de *Os sertões*.

134

A visão da arte e da literatura como ornamento social e privilégio de espíritos eleitos e felizmente afastados da sujeira e da realidade da História marcou – e, por incrível que pareça, ainda marca, em parte – a atividade no setor, impondo uma visão calcada em pressupostos idealistas e a-históricos. Basta lembrar que, ainda nas primeiras décadas do século, Afrânio Peixoto afirmava, a sério, que "a literatura é o sorriso da sociedade". Mais uma vez, era natural que assim fosse num país de analfabetos e com uma elite numericamente restrita e intelectualmente tacanha e colonizada. E as exceções, já citadas acima, não impediram que até por volta dos anos de 1960 fosse visto de forma suspeita – não apenas ideologicamente mas mesmo tecnicamente – quem se atrevesse a insinuar qualquer ligação entre arte e estrutura social, entre literatura e história. Tanto é que Antonio Candido,[91] por esta época, foi considerado um inovador radical por fazer tal relação, ainda que de forma tímida, oblíqua e quase asséptica, em *Formação da literatura brasileira* e, depois, nos ensaios pouco explícitos que integram *Literatura e sociedade*. No geral, reinava absoluta e soberana a concepção idealista dos *estilos de época* e da consequente *periodização*, na qual, como que num processo de partenogênese, um estilo

---

91 Que por formação é sociólogo, além de ter sido e ser militante político de partidos de esquerda. Quanto a Nelson Werneck Sodré, era e ainda é anatematizado por sua visão histórica. Mesmo que possa ser tecnicamente discutível em seus pressupostos teóricos ditos *marxistas* – aos quais se mistura, paradoxalmente, a concepção idealista da periodização por estilos –, *História da literatura brasileira* é o único manual que permanece útil e legível até hoje.

vai gerando o outro, linearmente, e sem qualquer contato com a realidade histórica.[92] E esta visão informa até hoje os manuais de literatura e as aulas no 1º e no 2º Graus e nas Universidades, sendo responsável pela mais absoluta confusão na mente de professores e alunos.

Foi apenas na década de 1970, como resultado das profundas transformações históricas pelas quais começava a passar o país, então em acelerado processo de industrialização, que internamente o homogeneizava e externamente o integrava no macrossistema industrial- -capitalista internacional, que a *intelligentsia* literária – ou, pelo menos, um que outro integrante dela – acordou e, um pouco à maneira dos anos de 1920, procurou atualizar-se rapidamente, dando início à desmistificação da visão idealista e a-histórica da produção literária, a qual passava, finalmente, a ser vista como um fenômeno integrante do processo histórico e, consequentemente, como produto e reflexo de estruturas sociais determinadas no tempo e no espaço. Assim, um truísmo milenar adquiria o tom da novidade e, por isto, só o peso da grande tradição idealista e a-histórica pode explicar o impacto então causado por um ensaio[93] do próprio Antonio Candido, que, lançando ao mar os pruridos acadêmicos de sua obra anterior, radicalizava sua visão e, pode-se dizer, introduzia oficialmente, e de

---

92 Para uma discussão mais exaustiva do problema cf. DACANAL, José Hildebrando. *A literatura brasileira no século XX: notas para uma leitura proveitosa*, neste volume.

93 "Literatura e subdesenvolvimento". *Revista Argumento*, v.1, n.1, out. 1973.

forma vigorosa, a História na cidadela do *establishment* literário brasileiro, de onde, tendo a partir de então adquirido foros de cidadania, não mais sairia.

Contudo, mesmo que a partir de então inserir a produção literária na história da sociedade em que surge deixasse de ser um estigma de marginalização ou marca de uma suposta – e suspeita! – orientação político-ideológica, a força de inércia da concepção idealista, na forma tradicional ou modernizada pelo tecnicismo vulgar e tacanho de subliteratos colonizados e pouco mais que ignorantes, continuou dando as cartas, principalmente nas Universidades, através do *estruturalismo*, da *fenomenologia* e – eis um hilariante pleonasmo! – da *estética da recepção...*

Historicamente: para além fronteiras

Considerando o acima dito, portanto, é compreensível que o *establishment* literário brasileiro à época da publicação de *Grande sertão: veredas* não tivesse condições de fazer nem mesmo uma leitura correta da obra, de perceber os dados fundamentais nela contidos e, muito menos, de, captando tais elementos, fazer uma interpretação histórico-cultural dos mesmos, o que teria levado, necessariamente, a uma completa reordenação ou ao abandono puro e simples das pedestres e pouco funcionais teorias que informavam – e ainda informam! – os estudos literários no Brasil. Seria, historicamente, pedir demais. Contudo, o inacreditável é que isto não tenha sido percebido – salvo raras exceções – até hoje, depois de três décadas, de tantas transformações históricas ocorridas e do surgimento de várias outras obras semelhantes, no Brasil e em outros países da América Latina. Por isto, lamentavelmente, a maioria dos estudos sobre *Grande sertão: veredas* se atém ainda às insustentáveis ilações eivadas de biografismo, à busca de influências em locais e nomes os mais disparatados, ao surrado e colonizado tema da oposição entre *regional* e *universal*, à busca de um lugar impossível para João Guimarães Rosa – e outros – na caolha periodização literária tradicional, à discussão sobre o gênero a que a obra pertenceria e a outras questiúnculas semelhantes.

Se isto aconteceu e, em parte, continua acontecendo até hoje, levando a que se evitem ou simplesmente se ignorem os mais simples conteúdos temáticos da obra referidos à história brasileira e o significado simbólico deles no contexto daquela, não é de todo injustificado acreditar que serão necessários pelo menos alguns séculos para que os literatos percebam algo ainda mais profundo e mais amplo. Porque *Grande sertão: veredas* – e as demais obras semelhantes – não apenas nasce marcada profundamente pela cultura caboclo-sertaneja brasileira no momento em que esta marchava para a extinção diante do avanço rápido e homogeneizador das estruturas urbano-industriais da costa atlântica brasileira como, ainda, reflete este processo em escala continental e mesmo planetária.

Na verdade, nas palavras do próprio Riobaldo, "o mundo quer ficar sem sertão". O que praticamente já é uma realidade, pois as sociedades e as culturas – autóctones ou involuídas ao longo dos séculos – do Terceiro Mundo fundadas sobre uma visão de mundo pré-lógico-racional e pré-industrial estão condenadas ao desaparecimento e sua absorção ou destruição pelas sociedades e culturas tecnificadas da era das comunicações instantâneas e dos transportes supersônicos é apenas uma questão de tempo. De pouco tempo, aliás, para as que ainda sobrevivem.

Numa perspectiva histórica tudo isto não passa de uma evidência elementar.[94] Mas, supondo-se que o planeta sobreviva, será preciso esperar talvez até a metade do terceiro milênio para que tal e outras evidências passem a fazer parte dos manuais e das aulas de Literatura Brasileira...

(1992)

---

94 Mesmo que a questão não diga respeito diretamente a este ensaio, é impossível deixar de lembrar aqui a verdadeira mutilação sofrida por *Grande sertão: veredas* em edições mais recentes. Demonstrando tacanhez intelectual e um mal entendido – porque injustificável sob qualquer aspecto – oportunismo comercial, os atuais editores de João Guimarães Rosa decidiram, num inconcebível atentado à integridade da obra, eliminar o símbolo, , que – clara alusão à natureza cíclica do tempo na estrutura narrativa do romance – fechava o longo diálogo/monólogo de Riobaldo. É quase inacreditável, mas é um fato! PS (2018): Mais recentemente, o símbolo voltou!

REGIONALISMO, UNIVERSALISMO E COLONIALISMO

Ainda que fortemente marcados pelo tom polêmico, os conceitos expostos em "Regionalismo, universalismo e colonialismo" são incontestáveis. Contudo, por demasiado sintético e passional, o ensaio deveria ser refeito, para explicitar ainda mais, através de exemplos apodíticos, o equívoco da utilização dos termos regional, regionalismo *e* regionalista *em literatura/arte literária. Contudo, como, possivelmente, nunca refarei o texto, aqui ficam duas observações:*

*1 – Pelo menos em um manual de Literatura Brasileira (*Curso de Literatura Brasileira, *de Sergius Gonzaga, Porto Alegre: Leitura XXI, várias edições recentes), está sendo utilizada, ainda que com ressalvas, a expressão* romance de temática agrária *em substituição a* romance regionalista.

2 – Vale a pena transcrever uma breve citação de um artigo meu, que, en passant, *abordava o mesmo tema:*

Não há regional nem universal (a não ser que regional seja sinônimo de agrário e universal o seja de urbano). Tudo é regional e tudo é universal, tematicamente falando. As diferenças temáticas jamais serão índice de superioridade/ inferioridade, a não ser entre colonizador e colonizado, dominador e dominado. O índice que em arte mede a relação superior/inferior é o nível maior ou menor de percepção da realidade, da história, da cultura, do destino da espécie, enfim. E não o tema.

"Pinta tua aldeia e pintarás o mundo" – dizia Tolstói. Exato, desde que o pintor seja um Tolstói... Porque, se não o for, será apenas um chato a mais, incapaz de perceber, em sua aldeia rústica e limitada, a quintessência de todas as civilizações.

VI
REGIONALISMO, UNIVERSALISMO E COLONIALISMO

I

O conceito de *regionalismo* – e tudo o que se engloba na controvérsia a ele referida, em particular seu correspondente oposto, o *universalismo* – é um dos mais típicos subprodutos da estrutura mental secundária[95] e colonizada dos *letrados* latino-americanos em geral e principalmente dos brasileiros, aparecendo como exemplo caraterístico do elemento traumático que define a cultura dependente, específica das sociedades que se formaram no continente a partir do final do séc. XVIII. Como todos os elementos componentes dos modelos de pensamento das elites dependentes do continente, o conceito de *regionalismo* perdeu qualquer valor explicativo e/ou interpretativo

---

95 V. "A filosofia dos semicolonizados", neste volume.

a partir do momento em que aflorou à consciência do ser latino-americano a realidade do naufrágio global da matriz europeia-ocidental-burguesa, geradora, seja em termos socioeconômicos (a expansão capitalista e imperialista), seja em termos culturais (a exportação e/ou imposição da visão de mundo racionalista/burguesa e branca), das sociedades da periferia semicolonial latino-americana e, consequentemente, das estruturas mentais dos integrantes destas.

Não pretendo – nem teria condições para tanto, se bem que seja necessário que alguém, algum dia, o faça – escavar as origens ou traçar a evolução histórica do conceito em si e de toda a controvérsia que o envolveu e ainda envolve, problema, aliás, com o qual andaram às voltas os *letrados* brasileiros por cerca de um século e meio. Sem chegar a qualquer conclusão, evidentemente. De qualquer forma, parece ser possível desde já delimitar os elementos essenciais da questão, de tal maneira que para continuar aplicando categorias como *regional(ista)* ou *universal(ista)* é preciso que sejamos virgens intocadas pela História ou títeres inconscientes de um neocolonialismo muito interessante para a indústria cultural (mas não só cultural, claro) dos países centrais. Ou então idiotas completos, como aqueles que, recentemente,[96] no Brasil, foram atacados do vírus

---

96 Este ensaio foi escrito em 1977. Aliás, hoje (1999/2000) ninguém mais sabe o que significa o termo *estruturalismo* em literatura. Se é que alguma vez alguém o soube...

da insânia estruturalista, esta subideologia de camelôs supercolonizados às voltas com sua própria incultura.

Antes de entrar diretamente no assunto, porém, é preciso deixar claro que me ocuparei exclusivamente do *conceito* de *regionalismo* – e da controvérsia com ele relacionada –, tendo por objetivo mostrar ter ele perdido qualquer valor como categoria capaz de definir ou interpretar produtos culturais brasileiros ou latino-americanos, em particular no setor literário, concluindo daí que se torna necessário e urgente eliminá-lo definitivamente das aulas, dos manuais e da língua.[97]

Portanto, o que está em questão é o *conceito* e não, *absolutamente não*, os romances, por exemplo, que por este ou por aquele *letrado*, neste ou naquele momento, tenham sido qualificados como *regionalistas*.[98]

II

A estruturação das sociedades semicoloniais latino-americanas, a partir das chamadas *independências*, como nações formalmente autônomas em termos políticos – após a ruptura administrativa com as metrópoles ibéricas decadentes –, determinou o surgimento do que se

---

97 Isto é, no que diz respeito ao campo da arte e da cultura em geral. É óbvio que o termo conserva sua plena validade em geografia e economia, por exemplo.

98 Bernardo Guimarães, Franklin Távora, Lindolfo Rocha, Domingos Olympio, Manuel de Oliveira Paiva, entre outros, sem contar a quase totalidade dos chamados *romancistas de 30*.

poderia qualificar de *consciência infeliz* das elites patriciais/oligárquicas dirigentes.

Obrigadas, de um lado, a assumir o controle político-administrativo da nação e a justificar, em consequência, seu caráter de classe dominante em relação aos grupos dominados, que então eram a quase totalidade da população, e, de outro, submetidas inapelavelmente à necessidade de representar o papel a elas imposto – e por elas aceito, claro – pela expansão do capitalismo central do Estado burguês anglo-francês, estas elites buscavam desesperadamente uma identidade nacional. Esta busca pode ser detectada ao nível da ação e mesmo da reflexão política em homens como Bolívar, Sán Martin, Artigas, José Bonifácio, Alencar e outros. Evidentemente, ela seria vã, pois a consolidação definitiva do capitalismo europeu através da expansão imperialista iniciada ainda na primeira metade do séc. XIX esmagaria para sempre – e o Paraguai é um exemplo literal – a possibilidade da formação de Estados verdadeiramente autônomos em termos econômicos, políticos e culturais na América Latina.

Na verdade, até por volta de 1930 as nações latino-americanas tais como existiam na realidade – pelo menos nas concentrações urbanas das costas do Atlântico e do Pacífico, feudos absolutos da classe dirigente – não passavam de feitorias agrícolas e/ou mineiras e de entrepostos mercantil-importadores nascidos da expansão do capitalismo europeu.

Estas afirmações podem parecer estranhas ou, no melhor dos casos, um tanto quanto surpreendentes ao leitor brasileiro, descontados os idiotas, para os quais "isto não é crítica literária".[99] Mas não o seriam tanto assim se, no Brasil, a memória nacional – isto é, a das elites dominantes, afinal, a *nação* eram sempre e somente elas! – houvesse guardado a lembrança das peças de Martins Pena,[100] dos violentos panfletos de Álvares de Azevedo[101] ou das sátiras amargas de Lima Barreto.[102]

É claro que isto não ocorreu, pois a dominação econômica, política e cultural exercida pelos centros europeus sobre as elites agrário-mercantis brasileiras foi tão violenta e arrasadora que a voz dos dissidentes – aqueles que tinham rompido com a *consciência infeliz* – foi sempre abafada. Até hoje. Voltemos, porém, ao problema do *regionalismo*.

---

99 Claro que não é, felizmente. Por isto mesmo, talvez tenha algum valor interpretativo.

100 *O inglês maquinista* e *As casadas solteiras*, por exemplo.

101 O poema "Pedro Ivo" é um exemplo. Não é mera casualidade que ninguém o lembre. Álvares de Azevedo, coitado, para nossos estudantes, foi um pobre "romântico" (o que é mesmo que isto significa?) com uma série de problemas afetivos com a mamãe (que horror!) e que de vez em quando vomitava sangue. Depois escreveu "Namorando a cavalo" e morreu do *mal du siècle*, o coitadinho!, tão novinho ainda! Mas de sua percepção brutal da realidade histórica, da dominação britânica e das sequelas desta, disto ninguém fala!

102 *O país dos Bruzundangas*, além de textos que podem ser encontrados praticamente em toda a sua obra.

III

Parece hoje claro que o conceito em questão – insisto, o *conceito* e não as obras a que ele tenha sido aplicado – é um produto caraterístico da *consciência infeliz* das classes dirigentes brasileiras, representadas, no caso, pelos *letrados* que estavam a seu serviço[103] e que criaram o termo, gerando uma controvérsia capaz de mantê-los agradavelmente ocupados por mais de um século.

Como ficou dito, a elite dirigente enfrentava um difícil problema. De um lado, colonizada pelos centros capitalistas urbanos europeus, buscava a todo transe identificar-se com o colonizador, rejeitando como não tendo qualquer valor tudo aquilo que pudesse diferenciá-la dele. De outro, ao encarnar a *nação* era obrigada a justificar a dominação exercida sobre os demais grupos, o que a levava a apresentar-se como portadora dos valores e das legítimas aspirações da *nacionalidade*. Ou seja, como possuindo uma autonomia real.

Assim, quando alguns criadores – escritores, fundamentalmente – começaram, ainda que timidamente,

---

103 É sintomático que Alencar – um político, romancista e, ao mesmo tempo, um *letrado* – tenha pretendido *unificar* o país através de um projeto literário no qual todas as *regiões* estivessem representadas. Dir-se-ia que ele buscava uma compensação para aquilo que era uma impossibilidade no plano econômico e político. Chegou mesmo a arranjar antepassados gloriosos para a "raça". Nesta, os índios entraram como Pilatos no *Credo*. Aliás, muito pior, pois Pilatos, se não tinha nada a ver, pelo menos sobreviveu. É claro que o negro – a peça central do sistema econômico do séc. XIX – não integrava o projeto. Também, querer que Alencar solapasse a base da dominação exercida por seu grupo seria exigir um pouco demais do senador pelo Ceará!

a fixar, por volta de meados do séc. XIX, mundos agrários em suas obras, o impasse estava criado no plano ideológico-cultural.

Na verdade, a zona agrária se tornara, já ao final do I Império, a base essencial do poder do grupo dirigente brasileiro e a fixação literária da mesma – feita, é claro, por elementos saídos do próprio grupo – serviria apenas para justificá-lo. Desta forma, aceitar positivamente o fenômeno deveria ser, à primeira vista, apenas uma questão de bom senso. Contudo, a aceitação positiva implicaria uma diferenciação em relação à cultura do colonizador europeu, por definição urbano, diferenciação contra a qual, como se viu, a consciência colonizada se rebelava no que tinha de mais profundo, já que, implícita ou explicitamente, tudo o que não seguisse o modelo europeu tinha pouco ou nenhum valor.

É neste contexto histórico que começam a circular os termos *regional, regionalismo* e *regionalista*, na base dos quais está a *consciência infeliz* das classes dominantes brasileiras ao se verem retratadas em obras que, lamentavelmente, não eram *universais* (quer dizer, *urbanas*) como as de Balzac, por exemplo! E é então que começa a longa e tediosa discussão sobre se o *regional* pode ser *universal*. Ou, em última instância, sobre se o colonizado existe, se ele possui o direito de reivindicar uma identidade própria ou, mais radicalmente ainda, sobre se ele tem mesmo alguma identidade.

É evidente que a discussão colocada nestes termos jamais poderia encerrar-se, pois para tanto seria necessário que o colonizado encontrasse e reivindicasse sua identidade. Ora, no momento em que isto acontecesse ele deixaria de ser colonizado e se consideraria tão *universal* quanto o colonizador. Seu complexo de inferioridade, sua condição de *secundariedade*[104] desapareceria, como realmente começou a desaparecer a partir do momento em que – após 1945 – o mundo do colonizador europeu tendia rapidamente para a desagregação completa, em todos os sentidos.

Portanto, se no âmbito da cultura dependente, característica das sociedades semicoloniais do continente, os conceitos de *regional(ismo)* e *universal(ismo)* possuíam um valor específico, que era o de refletirem a adequação da estrutura mental secundária e colonizada submetida à *ratio* colonialista e expansionista da Europa branca e burguesa, parece evidente que a partir do momento em que ocorre a ruptura no sistema de dominação, ruptura gerada pelo naufrágio da matriz, tais conceitos se tornam automaticamente passado. Neste sentido, daqui para diante poderão ser estudados – no caso de o serem – apenas como *História*, como elementos integrantes de um tempo que desapareceu, o tempo da *secundariedade* do ser latino-americano. Tudo o mais será pura perda de tempo.

(1977)

---

104 V. nota 95.

A REALIDADE EM KAFKA

"A realidade em Kafka" integrou de um celebrado ciclo de palestras em julho de 1972, na Universidade Federal do Rio Grande do Sul, do qual fizeram parte os mais destacados nomes da intelligentsia *literária/intelectual de Porto Alegre à época – Guilhermino César, Donaldo Schüller, Flávio Loureiro Chaves e outros. Da mesma forma que "O romance europeu e o romance brasileiro do Modernismo", este ensaio pode ser uma craveira para aferir o quanto se alteraram o nível, a cena, os atores e os temas da área humanística/literária nas últimas quatro décadas, no Rio Grande do Sul e no país.*

Quanto ao conteúdo e ao método, "A realidade de Kafka" segue disciplinadamente Arnold Hauser e Erich Auerbach. Mais tarde, por eles e por sobre eles, eu aportaria diretamente em Platão, Aristóteles, Cícero, Horácio... De qualquer forma, fico surpreso ao perceber que, quatro décadas depois, este ensaio mantém incólume sua atualidade e objetividade. E que não envergonharia os mestres, que então me guiavam, que até hoje são clássicos e que certamente, como luminares da sólida erudição europeia da primeira metade do século XX, se espantariam ao saber que a cena intelectual/literária brasileira retornou a seu leito tradicional, no qual Afrânio Peixoto se sentiria novamente em casa para repetir sua famosa boutade: "A literatura é o sorriso da sociedade"...

VII
A REALIDADE EM KAFKA

Sendo a proposição a de analisar a realidade em Kafka, me parece bastante lógico fazer esta tentativa começando por elementos reais. E, em literatura, o primeiro e único elemento real é o texto. Apenas a partir dele é que se pode ampliar o campo de análise e abandonar o fenômeno estrito do fato literário para vê-lo em uma ou em outra perspectiva mais global. Obviamente, partir do texto nem sempre quererá dizer empregar o método utilizado nesta breve análise, na qual o texto é parte imediata, direta, do conjunto. Partir do texto significa antes de tudo que, em literatura, o fundamental, o essencial, é a obra. O resto pode ser importante, mas será sempre secundário.

Não estamos, porém, discutindo aqui problemas metodológicos. Para entrar logo no assunto e para facilitar a compreensão do ordenamento deste breve estudo, eis seu esquema de desenvolvimento:

I – A *realidade* no romance do real-naturalismo, exemplificada através de um texto de Balzac.

II – A *realidade* em Kafka e seus níveis:

A – *O processo e O castelo*

B – *A metamorfose*

III – Conclusão: mundo e contramundo

I

Em lugar de procurar definir teoricamente o que se entende por *realidade* no âmbito desta análise, é mais objetivo agir praticamente. Tomemos, portanto, um texto de Balzac no qual se encontram três momentos da descrição da *Pension Vauquer*, inesquecível a todos que o leram, no início de *O pai Goriot*:

A sra. Vauquer, nascida de Conflans, é uma velha que há quarenta anos mantém em Paris uma pensão burguesa, estabelecida à rua Nova de Santa Genoveva entre o bairro latino e o Faubourg Saint Marceau. Essa pensão, conhecida pelo nome de Casa Vauquer, aceita igualmente homens e mulheres, moços e velhos, sem que jamais a maledicência tenha atacado os costumes desse respeitável estabelecimento. É verdade que há trinta anos não se via ali uma moça e que para um rapaz morar ali era preciso que a família lhe cedesse uma mesada muito pequena. Em 1819, porém, época em que este drama começa, vivia lá uma pobre moça.

A fachada da Casa Vauquer dá para um jardinzinho, de modo que fica em ângulo reto sobre a rua Nova de Santa Genoveva, de onde aparece em todo o comprimento. Ao lado desta fachada, entre a casa e o pequeno jardim, corre uma calha de pedra, de uma toesa de largura, diante da qual há uma aleia coberta de areia e orlada de gerânios, louros-rosa e romanzeiras, plantados em grandes vasos de louça azul e branca. Entra-se nesta alameda por uma portinha, encimada por uma tabuleta na qual se lê:

CASA VAUQUER

Pensão burguesa para dois sexos e outros

....

Naturalmente destinado ao uso da pensão burguesa, o pavimento térreo se compõe duma primeira peça iluminada por duas janelas para a rua e na qual se entra por uma porta-janela. Essa sala de estar comunica com uma sala de refeições, separada da cozinha pelo vão duma escada de degraus de madeira e tijolos encerados. Nada é mais triste à vista do que essa sala mobiliada com poltronas e cadeiras estofadas com crina, com riscas alternativamente opacas e luzidias. Ao centro, vê-se uma mesa redonda com tampo de mármore de Saint-Anne, enfeitada com esse licoreiro de porcelana branca ornada de filetes dourados meio apagados, que se vê por toda a parte hoje em dia. Essa sala, muito mal assoalhada, tem as paredes revestidas de madeira até uma certa altura. A parte superior é coberta dum papel envernizado representando as principais cenas de Telêmaco, com suas personagens clássicas coloridas. A almofada entre as janelas gradeadas oferece aos pensionistas cenas do festim dado ao filho de Ulisses por Calipso. Há quarenta anos essa pintura excita os gracejos dos hóspedes jovens, que se julgam superiores à sua posição, zombando do jantar a que a miséria os condena. A chaminé de pedra, cuja lareira sempre limpa atesta que só se acende em ocasiões solenes, é ornada de dois vasos cheios de flores artificiais, envelhecidas e cobertas com uma tela de arame e que fazem jogo com uma pêndula de mármore azulado de muito mau gosto. Esta primeira peça exala um odor sem nome na língua e que se deveria chamar de cheiro de pensão. Cheira a coisas fechadas, penetra nas vestes. Tem o gosto de uma sala em que se jantou, faz pensar em utensílios de louça, em cozinha, em hospital. Talvez se pudesse descrevê-lo, se se inventasse um processo para avaliar as quantidades elementares e nauseabundas que ali espalham os hálitos catarrais e sui generis de cada pensionista, moço ou velho.

***

Não é preciso muita argúcia para descobrir que, segundo a ordem de Balzac, a *Pension Vauquer* foi apresentada, descrita externamente e, enfim, internamente, nos três momentos citados. Utilizando o processo mais comum ao romance do real-naturalismo, isto é, a narração em terceira pessoa feita por um autor onisciente, Balzac, digamos assim, joga, com extrema violência, a realidade no rosto do leitor. A velha senhora, proprietária da pensão, mora em Paris há quarenta anos, ou seja, ali habitava dez anos antes da Revolução. Pelo nome, talvez tivesse pertencido a uma família com posição social. Agora, em 1819, já no período da Restauração, continua, como antes, mantendo uma "pensão burguesa" cujas características são suficientemente acentuadas pelo realismo cru, impiedoso e quase doentio de Balzac. O essencial aqui, já que a intenção não é analisar propriamente *O pai Goriot* mas apenas tomá-lo como *terminus comparationis* a fim de tentar extrair uma definição implícita, prática, do significado do termo *realidade* no contexto deste estudo sobre Kafka, o essencial, repito, é captar os elementos contidos na descrição de Balzac, os quais, ao formarem um todo, dão ao leitor essa sensação de objetividade extrema, mais ainda, de uma quase objectualidade. Porque o leitor vê a *Pension Vauquer*, vê o jardim, vê o refeitório, sente o cheiro nauseabundo da casa.

Estes elementos são o contexto histórico, a localização geográfica e o quadro social do conjunto dos fatores apresentados.

A – O contexto histórico – Sabemos que há trinta anos ocorrera a Revolução Francesa, que há sete anos Napoleão fora derrotado na Rússia e que o presente, 1819, é o ano quatro da reação da Santa Aliança montada por Metternich depois de Waterloo.

B – A localização geográfica – Estamos na França, em Paris, entre o *quartier latin* e o Faubourg Saint Marceau, mais precisamente na rua Nova de Santa Genoveva.

C – O quadro social – Estamos no centro da sociedade francesa. Quer do ponto de vista econômico, quer do ponto de vista cultural, nada é necessário acrescentar ao furor realista de Balzac. Para compreender o que é a *Pension Vauquer*, basta saber que ela foi contemporânea dos últimos anos da monarquia, de 1789, de

1793, do Diretório, do Império, das guerras napoleônicas e, no presente da narração, é contemporânea da Restauração. Quem possui um mínimo de informação histórica tem condições de imaginar os resultados das violentas transformações sociais e políticas testemunhadas pela sra. Vauquer.

Mas basta. Que pretendo dizer com isto? Apenas mostrar que esta é a *realidade* em Balzac e, por definição, em todo o romance do real-naturalismo: a realidade de estruturas sócio-históricas localizadas no tempo e no espaço, nem sempre, é claro, com a precisão absoluta com que são apresentadas em *O pai Goriot*, mas sempre localizadas. Portanto, se a sra. Vauquer existe, se Eugène Rastignac, ao final do livro, desafia Paris do alto de Montmartre, se Bianchon leva a sério seu estudo de Medicina, todos eles vivem e agem no ano quatro da Restauração. Localizados história, geográfica e socialmente. O que dá a eles todos esta existência quase corpórea é, como é óbvio, o fato de integrarem uma estrutura social perfeitamente definida no tempo e no espaço. As relações entre as personagens de *O pai Goriot* e de toda *A comédia humana* existem como realidade na medida em que existem *em relação* a um todo sócio-histórico, o da França pós-revolucionária e pós-napoleônica, a França das ilusões perdidas de Lucien de Rubempré, do arrivismo filisteu de Rastignac. De uma sociedade subvertida, em desordem, no caos total mas ainda "inocente". Tão "inocente" que Rastignac, do alto da colina de Montmartre, pode olhar a cidade com desejo e desdém ao mesmo tempo, desafiando-a para um duelo. A burguesia europeia alcançava, naquele momento, o apogeu e o mundo era moldado a partir da ação épica de heróis como Rastignac. Afinal, os grandes impérios coloniais europeus do período industrial apenas começavam a estruturar-se. Tudo isto é a *realidade* em Balzac.

II

Quanto a Balzac, por ora é suficiente. Cerca de 90 anos depois, Kafka escrevia *O processo*, *O castelo* e *A metamorfose*. Procedendo da forma já aplicada, pretendo examinar rapidamente os vários níveis da *realidade* em Kafka para, ao final, e através de uma comparação indireta com Balzac, ou seja, com o romance do real-naturalismo, determinar qual é a realidade última, a *dargestellte Wirlichkeit*, como diria Erich Auerbach, que nos é dada em Kafka. Foi utilizada a palavra *níveis*, no plural, para significar que na obra de Kafka – isto é, nas três acima citadas, consideradas geralmente como sendo as mais representativas – a *realidade* é apresentada não em um mas em vários níveis, todos diferentes entre si. É verdade que, segundo creio, apesar de sua heterogeneidade, podem ser reduzidos, em última instância, a uma unidade englobante. Tal, porém, só poderemos afirmar se partimos do real, que é o texto, e no texto é clara a diversidade de níveis.

Em Kafka há, basicamente, dois níveis de *realidade*. O primeiro é o de seus dois romances, *O processo* e *O castelo*. O segundo é o de *A metamorfose*.

A – O processo e O castelo

Tendo em vista considerar estas duas obras como idênticas quanto à natureza da *realidade* que apresentam, os textos citados como exemplificação pertencem ora a uma, ora a outra. Eles permitirão estabelecer as gradações, que por questão de lógica chamarei de *subníveis*, da *realidade*, tal como esta aparece nos dois romances.

1 – Como exemplo do primeiro subnível tomemos um texto que pertence ao cap. VII de *O processo*. Josef K. está no banco, onde trabalha na seção de financiamentos. Sem muita vontade para atender os clientes, recusa-se a estudar o projeto apresentado por um deles. O subdiretor do banco, um tipo que procura aparecer, leva o cliente para o seu gabinete. Josef K. fica só:

> Sem motivo especial, apenas para não ter que voltar à mesa de trabalho, abriu a janela. Foi difícil abri-la, sendo obrigado a girar o trinco com as duas mãos. Imediatamente, por toda a extensão da janela, o quarto foi invadido pela névoa misturada com fumaça, ficando tomado por um leve cheiro de coisa queimada. Alguns flocos de neve, soprados pelo vento, caíram no assoalho. "Um outono horrível" disse atrás de K. o fabricante, que, ao deixar o gabinete do subdiretor, entrara desapercebido no quarto. K. concordou fazendo sinal com a cabeça e olhou inquieto para a pasta do fabricante, da qual certamente este retiraria logo os

papéis, para informar K. sobre os resultados da reunião. O fabricante, porém, depois de seguir o olhar de K., bateu com a mão na sua pasta e disse, sem abri-la: "O sr. quer saber o resultado. Tenho o contrato quase assinado na pasta. Um homem encantador, o subdiretor, mas algo perigoso". Riu, apertou a mão de K. e queria forçá-lo a rir também.

Se dissermos que a *realidade* aqui está ao mesmo nível daquela que nos é dada por Balzac, creio não incidirmos em erro. A cena é quase vulgar. Um fabricante que busca financiamento, um funcionário meio aéreo, preocupado com problemas pessoais, e um subdiretor cujo tipo não é tão raro entre os jovens *colarinhos brancos* da selva brasileira hoje: vivo, inteligente, filisteu, atento ao menor passo em falso do possível concorrente para esmagá-lo o quanto antes. O estilo é seco, a descrição dá apenas o necessário, mas tudo é real: a sala, a mesa, o trinco emperrado da janela, a névoa, o cheiro de queimado, o fabricante pegajoso e sua pasta estufada e o subdiretor escorregadio. Descontando apenas a austeridade da linguagem, a cena poderia fazer parte de qualquer das grandes obras do real-naturalismo.

2 – Uma cena amorosa de *O castelo* serve de exemplo do segundo subnível.

Ao cair da noite do primeiro dia, o agrimensor K., contratado pelo conde de Oeste-Oeste, depois de várias peripécias na aldeia, chega à estalagem onde trabalha Frieda, "jovem insignificante, miudinha, loira, de olhos tristes e faces encovadas", amante de Klamm, administrador do castelo. Depois do que se poderia chamar de *um breve namoro* que dura um tempo não determinado mas que não deve ser superior a uma ou duas horas e se prolonga por três páginas do livro, com interrupções constantes provocadas pelos servos de Klamm e por outros fregueses, o estalajadeiro entra e fecha a estalagem. K. desliza para baixo do balcão e aí fica. O estalajadeiro se retira:

> Antes que ele tivesse deixado a sala, Frieda apagou a lâmpada e foi para junto de K., embaixo do balcão. "Meu querido, meu doce querido" sussurrou ela sem tocar em K.; como que desvanecida de amor, jazia de costas e abria os braços; o tempo, sem dúvida, não tinha limites para sua felicidade amorosa e mais que cantar começou a suspirar uma pequena canção. Mas de repente sobressaltou-se vendo que K. permanecia silencioso e pensativo e começou a puxá-lo como fazem as crianças. "Vem, aqui embaixo a gente sufoca" disse. Abraçaram-se, o corpo miúdo ardia nas mãos de K., rolaram, imersos em uma vertigem da qual K. fazia esforços inúteis para livrar-se. Alguns passos adiante bateram surdamente contra a porta de Klamm e ali ficaram estirados, em meio às poças de cerveja e às imundícies de todo o tipo que cobriam o chão. Ali passaram horas, horas em que suas respirações se uniam a um único alento, com seus corações pulsando ao mesmo ritmo...

A cena é descrita com realismo. Mas há grande diferença com a anterior. O delírio amoroso tem o vigor do real, do acontecido. Só que, ao contrário de Josef K., o fabricante e o subdiretor, que se conheciam entre si e provocam uma cena real e comum, aqui K. não conhece Frieda. Nunca se viram. Temos a sensação de estarmos perante dois amantes que se reencontram depois de anos de separação. E esta sensação é absolutamente falsa. A violência do desejo, a reação de K., o rolar dos corpos entre a imundície, tudo é de um realismo violento. Mas um realismo deslocado, um tanto suspenso no vácuo, se a expressão for permitida. O delírio da paixão não tem raízes no passado nem no presente. Suas causas não foram nem serão esclarecidas. A defasagem está entre o vigor erótico e a inexistência de relação socioespiritual entre os dois. Podemos imaginar a cena em um romance real-naturalista, mas ela seria completada pela apresentação das relações socioespirituais entre os dois, o que aqui não ocorre.

3 – O início de *O processo* permite dar exemplo de outro subnível:

> Sem dúvida alguém caluniara Josef K., pois certa manhã, sem que tivesse cometido qualquer ação má, foi preso. A cozinheira da senhora Grubach, locadora do quarto, trazia-lhe diariamente o café, às 8 h. da manhã. Desta vez, contudo, ela não apareceu, o que jamais acontecera antes. K. esperou ainda um momento, observou da cama a velha senhora que morava no quarto em frente do seu e que o olhava com uma curiosidade nunca antes demonstrada e logo em seguida, distraído e faminto ao mesmo tempo, tocou a campainha. Imediatamente bateram à porta e um homem, que jamais vira antes na casa, entrou. Magro mas ao mesmo tempo de compleição forte, vestia um uniforme preto, semelhante aos macacões de viagem, cheio de dobras, bolsos, fivelas, botões e um cinturão. A roupa parecia ser muito prática, mesmo que não fosse possível saber para que servia. "Quem é o sr.?" perguntou K., levantando-se a meio na cama. O homem, porém, não deu atenção à pergunta, como se seu aparecimento fosse algo de natural, e

disse simplesmente: "O sr. tocou a campainha?" "Anna deve trazer-me o café" disse K, e logo em seguida calouse, tentando descobrir quem poderia ser o homem. Este, porém, não deu oportunidade para que K. o observasse por muito tempo e voltando-se em direção à porta abriu-a um pouco para chamar alguém que por certo se encontrava logo atrás da porta e para dizer: "Ele quer que Anna lhe traga café". Do quarto ao lado ouviu-se um riso abafado. Pelo ruído não era possível dizer se o riso não partira de mais de uma pessoa. Apesar do estranho não ter sido informado de nada que já não soubesse antes, disse a K. em um tom de quem dava uma informação: "É impossível". "Seria a primeira vez" disse K., saltou da cama e vestiu rapidamente as calças. "Quero ver que gente é que está no quarto ao lado e como responsabilizar a sra. Grubach pelo que está ocorrendo" disse K.

À primeira vista o incidente não se diferencia, em seu realismo, da cena entre Josef K. e o fabricante. Contudo, um elemento novo foi introduzido: o mistério. "Sem dúvida alguém caluniara Josef K." é a frase perturbadora que dá início à narração e à cena. Perturbadora para o leitor e para o próprio K., que não entende o que está acontecendo. Para ele, a detenção inesperada ao amanhecer é completamente absurda. Este é o dado fundamental. K. e Frieda se aceitam. Josef K. e o fabricante se conheciam há pouco tempo, é verdade, mas se conheciam. Aqui, contudo, a prisão representa um elemento claramente recusado pelo protagonista, que não a aceita por ser ela completamente ilógica já que ele não praticara qualquer ato criminoso.

No entanto, ainda esta pode ser uma cena de uma obra real-naturalista, desde que o mistério da prisão matutina – bom título para um policial de Stanley Gardner! – viesse a ser esclarecido posteriormente e se conhecesse o autor da denúncia. Ora, isto não ocorre. Como se verá mais adiante, a falta de explicação é o dado mais importante. De momento, porém, nos limitamos aos textos, e nestes há um quarto subnível.

4 – Este pode ser exemplificado com a discussão sobre a importância dos telefonemas respondidos pelos habitantes do castelo, na obra do mesmo nome. O agrimensor e o alcaide, durante o encontro relatado no cap. V, discutem a respeito do valor que deve ser atribuído às informações dadas pelo castelo quando alguém do mundo exterior entra em contato com ele. O diálogo é longo mas basta meia página para que se tenha o essencial:

> – Não – disse o alcaide, acentuando a palavra –, estas respostas telefônicas têm sua importância real. Como poderia ser de outro modo? Como não poderia ter importância uma informação dada por um funcionário do castelo? Já o afirmei a respeito da carta. Todas estas informações não têm importância oficial. Se o sr. lhes der uma importância oficial, aí é que o sr. erra. Em troca, sua importância privada, quer em sentido amistoso ou hostil, é muito grande. Muitas vezes maior do que qualquer importância oficial.

> – Bem – disse K. –, supondo que tudo seja mesmo assim, então eu teria um grande número de amigos no castelo. Pensando bem, quando há muitos anos aquela repartição lembrou-se da possibilidade de contratar um agrimensor, foi um ato de amizade em relação a mim (...)

– Há certa verdade no seu modo de ver as coisas – disse o alcaide –, o sr. tem razão ao afirmar que as informações do castelo não podem ser tomadas ao pé da letra. Contudo, a prudência é sempre algo necessário quanto mais importante for a informação".

Se bem interpreto esta passagem, me parece que nela um elemento do real – as informações que procedem do castelo – é posto em dúvida. Afinal, quais são as informações que têm importância? As oficiais ou as não-oficiais? Se são as não-oficiais – como afirma o alcaide –, que sentido então têm as oficiais? Como se pode determinar a verdadeira importância, o valor real, objetivo, do elemento em questão? Em resumo, *o que é* uma informação procedente do castelo?

Como se vê, entre os três subníveis analisados antes e este último há um fosso. Neste último as personagem *duvidam* do sentido de um elemento do real, as informações do castelo. Há uma discussão sobre ele. Certo, o alcaide parece conhecer o sentido real das informações. Para K., contudo, elas são polivalentes e, por isto, sem sentido. K. não possui um elemento que determine o seu valor, ou seja, sua *realidade*, a realidade das informações. Eis por que K. sente-se perdido, confuso.

5 – O ponto extremo é atingido no cap. XV de *O castelo*, quando Olga fala a respeito de Klamm, o administrador. Ouçamos seu relato:

> ... eu nunca vi Klamm... mas naturalmente seus traços são conhecidos na aldeia. Alguns o viram, todos ouviram falar dele e desta mistura de evidência, rumores e de algumas informações intencionalmente deturpadas formou-se uma

imagem de Klamm que, em seus traços essenciais, deve ser exata. Mas apenas em seus traços essenciais. No mais ela varia, apesar, talvez, de não variar tanto quanto o verdadeiro aspecto de Klamm. Dizem que tem uma aparência quando vem à aldeia, outra quando parte; uma antes de beber cerveja, outra depois; uma quando desperta, outra quando dorme; uma quando só, outra quando conversa; finalmente, o que é perfeitamente compreensível, que seu aspecto lá em cima no castelo é quase completamente outro. Mesmo na aldeia, de acordo com os relatos surgem diferenças bastante importantes no que se refere à altura, ao porte, à corpulência e à barba; apenas em relação à sua maneira de vestir-se os relatos coincidem, felizmente: usa sempre a mesma roupa, um traje preto, de longas abas. Naturalmente, estas diferenças não resultam de bruxarias mas são provocadas, o que é muito compreensível, pela momentânea disposição de espírito, pelo grau de excitação, pelos inumeráveis matizes de esperança ou desespero em que se encontra o espectador, o qual, aliás, na maior parte dos casos, pode ver Klamm apenas por alguns instantes.

É claro que o fenômeno não é provocado por alguma bruxaria, mas o que é evidente é que o elemento do real, Klamm no caso, não é uno. Não é apenas a *imagem* de Klamm que varia constantemente. A dúvida apresentada por Olga sobre a verdadeira face do real é tão radical que, para ela, segundo o texto, talvez o verdadeiro aspecto de Klamm varie mais que sua imagem. A realidade, portanto, não só é vista de forma diferente por cada um dos que a observam, o que seria bastante normal; não, o que varia talvez mais ainda é a própria realidade em si. Tudo é fluido e a imagem da realidade deve ser, logicamente, fluida em segundo grau.

Apenas um elemento é objetivamente constatável: a roupa é sempre a mesma. A roupa, isto é, o exterior, por definição mutável, variável por sua própria natureza. Há uma inversão completa: o que é por natureza invariável ou, pelo menos, relativamente invariável, nos é dado como mutável. E, vice-versa, o que por natureza é mutável nos é dado como invariável. Klamm pode ser alto, baixo, magro, gordo, andar ereto, caminhar de quatro, se arrastar, ter barba, não ter, enfim, pode ser e não ser qualquer coisa ao mesmo tempo. Só a roupa é sempre a mesma. Se a isto juntarmos o fato de que talvez – como afirma Olga – o verdadeiro aspecto de Klamm varie mais ainda, é de perguntar: existe ainda alguma realidade que possa ser objetivamente determinada? Parece que não.

Contudo – e este é um fator essencial –, resta o relato de Olga, tal como, no caso anterior, restava a própria discussão. O relato e a discussão têm realidade objetiva. Fiquemos apenas com o último exemplo. A *realidade* de Klamm é fluida para a consciência dos espectadores e para a consciência de Olga. Contudo, ao captar esta fluidez, a consciência de Olga mantém sua unidade e é assim que ela aparece ao leitor. Ela, Olga, não é fluida; ela tenta encontrar explicações para o fato de a realidade estar em mutação constante. Olga argumenta com as variáveis psicológicas que informam a consciência dos indivíduos no momento em que veem Klamm. Contudo, parece esquecer que pouco antes ela própria afirmara que, talvez, o verdadeiro aspecto de Klamm varie mais ainda, o que destrói a possibilidade de uma realidade una e imutável pelo menos para si própria. Não há só a dúvida, como no caso dos telefonemas: há a destruição. Seja como for – não me alongarei na análise desta contradição –, resta ainda, como vimos, um elemento firme, ancorado no real: é a consciência de Olga que procura mover-se dentro de um mundo de fatos empíricos, objetivos, possíveis. A consciência de Olga que vê a fluidez do real mas não é por ela atingida. E aqui, parece-me, é o momento de apresentar a base comum sobre a qual se sustentam os cinco subníveis dados. Isto significa apresentar aquilo que qualificamos de primeiro nível da *realidade* em Kafka.

Nos cinco textos rapidamente analisados há, por diversas que sejam suas características, um elemento básico, comum a todos: integram obras cuja estrutura narrativa, cuja organização lógica é clara e definida. Tanto *O processo* como *O castelo*, da perspectiva da técnica narrativa, são obras em nada diferentes das do real-naturalismo. De *O pai Goriot*, por exemplo. *O processo* e *O castelo* são narrados em terceira pessoa, mantendo-se ambos rigorosamente fiéis ao processo do autor onisciente, criador e senhor de suas criaturas. Tendo em vista isto, quando a *realidade* de elementos que integram a obra é posta em dúvida ou destruída, ela o é a partir da consciência de personagens que obedecem a uma organização possuidora de completo rigor lógico, organização que é a própria estrutura da obra. Há, portanto, um ponto fixo, há, portanto, uma *realidade* definida de forma perfeita na qual os elementos postos em dúvida ou destruídos *deveriam* encontrar o seu lugar, sua explicação, o porquê de sua anomalia, se for permitida a expressão. Esta *realidade* definida é a de uma obra estruturada a partir do ângulo ficcional lógico-racional, uma de cujas expressões mais comuns é a narração em terceira pessoa por um autor onisciente. Mais ainda, dada a permanência contínua e constante de uma consciência ancorada na realidade de sua existência lógica como personagem – é o caso de Olga e dos que discutem sobre o sentido dos telefonemas –, a rigor podemos considerar como reais ou, melhor, verossímeis todos os eventos narrados em *O processo* e *O castelo*.

Ora, se Kafka segue rigorosamente uma das técnicas mais comuns às obras do real-naturalismo, se em nenhum momento a narração se distancia da verossimilhança – e absolutamente não se distancia! –, que é elemento essencial do romance real-naturalista, se todos os fatos narrados são possíveis – e o são – no mundo da realidade empírica, então a conclusão é bastante óbvia: Kafka é um autor realista como Balzac o é e sua *realidade* será a mesma ou uma semelhante à que nos é dada em Balzac. Por mais absurda que esta afirmação possa parecer, ela é verdadeira. Romance por romance, organização lógica por organização lógica, não vejo diferença entre Balzac e Kafka e não creio que alguém, fazendo uma análise intrínseca, imanente e de caráter técnico, possa provar que haja diferença entre ambos. Não há. Resumo de tudo: a *realidade* em Kafka

– neste primeiro nível – é a mesma de Balzac. Kafka é um autor do real-naturalismo e, sendo assim, para que avançar na argumentação?

Ora, é claro que a realidade em Kafka não é a mesma que em Balzac, o nosso bom senso o diz, e é claro que precisamos avançar para tentar determiná-la e defini-la. Avançar, porém, por outro caminho. Este caminho nos leva a estabelecer, baseados no fator *História*, a *realidade* de um e de outro. Por que o fator *História*? Porque se uma análise interna de caráter meramente técnico e baseada na determinação das estruturas narrativas de um e outro parece não nos fornecer diferenças entre ambos, então esta análise é absurda, pelo simples fato de ir contra a evidência segundo a qual Kafka e Balzac são radicalmente diversos, com exceção, exatamente, das estruturas narrativas, no que são rigorosamente iguais. Uma análise que não nos permita estabelecer a natureza da diferença que separa *O pai Goriot* e *O processo* é, pelo menos, absurda, como me parece que o é realmente a ideia estruturalista dos *patterns* diacronicamente imutáveis na ficção.

Retornando, apelamos pois para o fator *História* e perguntamos: do ponto de vista individual, familiar, grupal, qual é a realidade sócio-histórica em *O processo* e *O castelo*? Josef K. e K. vivem em que estrutura familiar ou grupal – isto é, social –, em que contexto espácio-temporal? Seu existir se dá *em relação* a quê? Não posso me alongar na explicitação mas qualquer pessoa que leu Kafka sabe que estas perguntas não possuem nem o mínimo sinal de resposta. Se a *Pension Vauquer*, se Rastignac existem *em relação* e este existir *em relação* é a sua própria existência, o castelo, o banco, Josef K. e K. não existem *em relação* a nada. Há, em Kafka, relações incompletas. Incompletas porque estas relações – entre Josef K. e o fabricante, entre K. e Frieda, por exemplo –, apesar de completas em si próprias, se sustentam sobre o vácuo porque se dão *em relação* a algo que não existe. Melhor, elas *não se dão em relação*, por mais realistas que sejam, por mais empíricas que pareçam. Assim acontece com todos e cada um, por mínimo que seja, dos eventos em *O processo* e *O castelo*. Os eventos giram em torno de um ponto de referência que não existe, seja do ponto de vista familiar, seja do ponto de vista grupal, social. E, assim sendo, não existem convenções sociais que possam ser chamadas de *leis* em *O processo*. Qual a estrutura jurídica perante a qual Josef K., mesmo que fosse apenas vítima de uma calúnia, é responsável? Os aldeões de *O castelo* vivem em função do castelo. Mas o que é o castelo? Ele não existe como *realidade* objetiva e, por isto, os aldeões e tudo o que se passa na aldeia, apesar de eles, sim, como os eventos, possuírem *realidade* objetiva em si, na verdade não possuem nenhuma porque não existem *em relação*. *O processo* e *O castelo* são dois romances real-naturalistas esvaziados de conteúdo sócio-histórico, conteúdo que é da própria natureza do romance do real-naturalismo. Portanto, é elementar, as duas obras de Kafka não são dois romances real-naturalistas. E então? Afinal, são ou não são?

Kafka, na ficção do período de decadência do romance realista europeu, tem um lugar que, apesar de integrar obviamente o processo, é de uma natureza muito particular. Em *O processo* e *O castelo* não temos a *realidade* perdida de Proust, a *realidade* "massificada" e vulgarizada de James Joyce, a *realidade* polivalente, vista sempre de vários ângulos, que aparece em Virgínia Woolf e Henry James, ou a *realidade* simplesmente, mas em crise, de Thomas Mann. Em Kafka, neste primeiro nível, temos, como já disse, o romance real-naturalista. Mas é ao eliminar a *relação* sócio-histórica de forma radical, absoluta, total, que Kafka cria o seu mundo do *absurdo familiar*, como o chamo. Ao manter apenas os mecanismos, o esqueleto, da tradição narrativa real-naturalista, Kafka cria uma obra *vazia*. Esta obra vazia é a *realidade* em Kafka. Por isto podemos compreender por que a Kafka foram aplicados todos os métodos críticos e por que surgiram "interpretações" de todo o tipo, todas, aliás, acreditando ter encontrado a chave do mistério, fosse esta chave metafísica, existencial, psicológica, psicanalítica, diretamente política ou diretamente religiosa: em Kafka os mecanismos não são instrumentos mas são a própria *realidade*.

Encerrando o raciocínio e resumindo: a *realidade* nas obras analisadas é o romance real-naturalista esvaziado através da eliminação radical e absoluta de qualquer *relação* sócio-histórica.

B – A metamorfose

Comecemos logo com o texto:

Quando Gregor Samsa despertou, certa manhã, de um sonho agitado, viu que se transformara, em sua cama, numa espécie monstruosa de inseto. Permaneceu de costas, que eram duras como couraça, e, erguendo um pouco a cabeça, conseguiu ver a saliência de seu grande ventre marrom, dividido em nítidas ondulações. As cobertas escorregavam, irremediavelmente, do alto da curva, e as pernas de Gregor, lamentavelmente finas se comparadas com o seu tamanho primitivo, agitavam-se impotentes diante de seus olhos. "Que terá acontecido?" pensou ele. Não era sonho. Seu quarto – verdadeiro quarto de homem, embora um tanto pequeno – continuava tranquilo dentro de suas quatro paredes familiares. Sobre a mesa, onde se achavam espalhadas amostras de fazenda – pois Samsa era caixeiro viajante –, estava a fotografia que ele recortara, recentemente, de um jornal ilustrado, e que colocara em bela moldura dourada. A fotografia mostrava uma senhora muito ereta, com um pequeno chapéu de pele e uma estola também de pele; trazia um pesado regalo, no qual enfiara o braço até o cotovelo. Gregor volveu o olhar para a janela; podia-se ouvir a chuva caindo sobre as vidraças. O tempo nevoento deixava-o triste.

A metamorfose é um conto tradicional do ponto de vista da estrutura técnica da narrativa, no qual, da mesma forma que em *O processo* e *O castelo*, a narração é em terceira pessoa, da perspectiva de um autor onisciente. Contudo, ao contrário das duas obras acima aludidas – e é isto que o coloca em outro nível –, o conto não respeita a verossimilhança. Não há, em absoluto, seja em *O processo*, seja em *O castelo*, um evento igual ou semelhante à metamorfose de Gregor Samsa. Como vimos, as duas obras antes analisadas são rigidamente verossímeis em seus menores detalhes.

Tal não é caso de *A metamorfose*. Um caixeiro viajante que vive com seus pais, sua irmã e mais uma empregada – notar: temos aqui uma estrutura grupal, social, perfeitamente definida – acorda pela manhã e descobre ter-se transformado em um inseto gigantesco. Tudo permanece como na noite anterior: a cama, as cobertas, o quarto pequeno, as amostras de fazenda, o recorte de jornal na parede. Ocorreu apenas uma única modificação, a metamorfose. Apenas isto. Já aqui se torna evidente o que define o segundo nível da *realidade* em Kafka. *A metamorfose* é um evento obviamente inverossímil. O fenômeno não pode ser considerado *possível* no plano do mundo real, do dia-a-dia, ao contrário de todos os eventos que integram as obras analisadas no primeiro nível da *realidade* em Kafka. Este é o fator que divide e separa claramente os dois níveis.

Parar aqui, porém, não é suficiente. É preciso avançar, porque, pelo que foi dito até agora, *A metamorfose* poderia ser considerado mais um exemplo da narrativa fantástica, gênero que – como conto, novela ou mesmo romance – se desenvolveu, em escala bem menor, é verdade, paralelamente ao romance real-naturalista. Ora, é evidente que *A metamorfose* não tem nada a ver com *O castelo de Otranto*, de Horace Walpole, por exemplo, ou com *A pele do Onagro*, do próprio Balzac. Não tem nada a ver porque é de natureza completamente diferente, com perdão pela petição de princípio. Por que é diferente?

Foi dito antes que a metamorfose de Gregor Samsa é um evento inverossímil. Claro, para mostrar a distância que separa a natureza da *realidade* que aparece em *A metamorfose* daquela que aparece em *O processo* e *O castelo*, esta afirmação é verdadeira e, creio, inatacável. Contudo, se examinarmos o conto isoladamente, ela não o é tanto. A metamorfose de Gregor Samsa em inseto é inverossímil para o leitor. No entanto, para a família o evento não é inverossímil. Gregor/inseto não é uma presença estranha, um elemento que gere o pavor, o terror, que ponha em xeque ou destrua o mundo lógico/mesquinho da família. É realmente uma presença que perturba, uma presença incômoda, mas é algo assim como se de repente alguém encontrasse um animal feroz em sua residência. O susto da mãe não vai além disso. Gregor/inseto não só não destrói o mundo da família como, inclusive, passa também a integrar o seu dia a dia. Quando Gregor/inseto desaparece, seu desaparecimento se dá da maneira mais normal, mais vulgar possível. Não está explicitamente mencionado mas, é óbvio, seu destino é a lata de lixo. E a mãe, ao final, faz planos para casar a filha, já crescidinha. Existe algo mais verossímil ou, cedendo um pouco à violência iconoclasta que adivinhamos nesta criação de Kafka, existe algo mais vulgar, em todos os sentidos do termo? Não. Como então resolver esta contradição, a contradição da existência do absolutamente inverossímil lado a lado com o absolutamente verossímil? Como explicar a coexistência destes dois elementos tão radicalmente opostos dentro de um mundo vigorosamente estruturado de acordo com uma concepção lógico-racional da realidade do dia a dia?

A interpretação a seguir não amadureceu o suficiente para ser apresentada como perfeitamente construída e definida. Creio, contudo, ter conseguido dar-lhe clareza suficiente para ser a entendida.

O evento da metamorfose, o surgimento de Gregor/inseto ocorre não fora das leis que regem o mundo lógico e verossímil do real-naturalismo mas no interior delas. Gregor/inseto não é visto *a distância*, como algo anormal, como um fato que ameaça a ordenação do mundo no qual surge ou que seja estranho a ela – como é o caso do fantástico em autores que podem ser considerados típicos, como Walpole, Balzac ou E. T. A. Hoffmann. Gregor/inseto também não é a coexistência inocente do mundo lógico-racional (a família) com outro mundo, regido por outras leis, coexistência que, me parece, é o elemento fundamental das obras mais importantes da nova narrativa épica latino-americana. Não. Gregor/inseto não é a irrupção do anormal no mundo normal nem é um elemento que venha *de fora*, porque não há diferença qualitativa, *de natureza*, entre Gregor/inseto e sua família. Ambos, ele e a família, pertencem ao mesmo mundo. Afinal, então, o que é Gregor/inseto? Qual a *realidade* em *A metamorfose*?

Para mim, Gregor/inseto, a metamorfose, é o esquema lógico-racional levado às últimas consequências. E o lógico-racional levado às últimas consequências é o absurdo, no Vietname ou na obra de Kafka. O evento da metamorfose é, portanto, a destruição do esquema, da estrutura lógico-racional que fora a base informadora da narrativa real-naturalista e que, em *O processo* e *O castelo*, permanece vigorosamente de pé como um esqueleto, como o conjunto dos mecanismos apenas, mas nem por isto menos de pé. Em *A metamorfose* Kafka submete um elemento estranho ao mundo lógico-racional – a transformação de uma pessoa em inseto – à ordenação lógico-racional. Daí é que resulta o absurdo, o qual, por definição, é a destruição da ordem lógico-racional. Resumindo tudo, portanto, conclui-se que a *realidade* em *A metamorfose* é a destruição da ordem lógico-racional a partir do seu próprio esquema ordenador.

III
Conclusão: mundo e contramundo

Esta é, portanto, a *realidade em Kafka*, tal como aparece no texto e tal como a interpreto: o romance real-naturalista esvaziado através da eliminação absoluta de qualquer relação sócio-histórica, mantido, porém, o esquema lógico-racional ordenador daquele romance e, em *A metamorfose*, destruído tal esquema a partir dele próprio. Esta é a *realidade*. Mas será toda a *realidade*? Se permanecemos apenas no campo da literatura, supondo que alguém consciente do processo cultural dos grupos humanos possa permanecer virgem e incontaminado pela História, entendida como processo global e englobante, esta é toda a *realidade* em Kafka.

Contudo, para quem não aceita tal limitação, a realidade em Kafka deve ser e é muito mais ampla. Como em Balzac, ela reflete – não diretamente, é claro, porque então seria história e não arte, mas através de uma transformação ontológica – o mundo histórico no qual surgiu. Evidentemente, não me é possível, neste momento, ir além de simples generalidades e de dados superficiais conhecidos por qualquer pessoa medianamente informada. Afinal, o assunto aqui é relativamente periférico em relação àquilo que foi considerado o tema central.

Para o historiador ou mesmo para um simples jornalista político possuidor de razoável compreensão da atual situação das relações de poder internacional e do que elas representam no plano do suceder-se dos períodos históricos e no plano das etapas culturais no caminho dos grupos humanos, é um lugar-comum dizer que há algumas décadas ingressamos definitivamente na era pós-europeia, querendo com isto significar que aquele longo período de hegemonia absoluta e indiscutível exercido pelas nações entre o Mediterrâneo e o Mar do Norte encerrou-se definitivamente. Os grandes impérios coloniais ou semicoloniais, que se formaram no dorso da chamada *revolução industrial*, começaram a ruir a partir do primeiro grande conflito armado, o de 1914. A impressionante constelação de poderosos

Estados europeus, que atingiram seu ponto culminante no séc. XIX, entrou em crise a partir do início do século XX e praticamente deixou de existir em 1945. Sabe-se muito bem que a reafirmação do domínio colonial francês na Indochina em 1945, a Guerra da Argélia e a intervenção no Suez (1956) não foram senão atos de Estados que haviam sobrevivido a si próprios como impérios coloniais.

No interior deste processo de emergência, fixação e ruína dos grandes Estados europeus da Idade Moderna formou-se uma visão de mundo específica, que, a partir de expressão utilizada por um historiador inglês,[105] costuma ser qualificada de *síntese burguesa*. O romance do real-naturalismo foi, na arte, o lar e o depositário desta síntese, cujo elemento essencial é aquele racionalismo pragmático e ao mesmo tempo "inocente", presente em Moll Flanders como em Rastignac, apenas para citar dois exemplos clássicos.

Naturalmente, não é mera coincidência que a crise e o desaparecimento do grande romance real-naturalista tenham correspondido exatamente, no tempo e no espaço, à crise e ao desaparecimento dos Estados europeus em cujo seio se formara – ou cujo aparecimento propiciara, a recorrência é evidente – a *síntese burguesa*. E não é também mera coincidência que a obra de Kafka, que pode, a partir do texto, ser qualificada como

---

105 Geoffrey Bruun em *Nineteenth-Century European Civilization, 1815--1914*. London: Oxford University, 1959.

sendo a eliminação radical daquela *realidade* que informara e fora o próprio romance real-naturalista, não é mera coincidência que esta obra seja coetânea à crise e ao desaparecimento da *síntese burguesa*. Coetânea a Freud, cuja obra, ao desvendar os mecanismos do inconsciente humano, retirou a base segura, o ponto de apoio sobre o qual descansavam a realidade empírica do mundo exterior e o interior do indivíduo, ponto de apoio que propiciava a ação pragmática e "inocente" deste sobre aquele.

O romance do real-naturalismo fora o que chamo de *epopeia na finitude*, ou seja, uma contradição em si. Contradição porque o romance do real-naturalismo narra a ação do homem sobre o mundo no âmbito do fluxo geral do tempo, o que é um paradoxo, porque, em última instância, a ação épica se nega a si própria implicitamente. Nega-se ao agir nos limites do fluir do tempo porque deve reconhecer sua provisoriedade como realidade mutável e finita, quer dizer, relativa, seja do ponto de vista da existência biológica, que, mais cedo ou mais tarde, encerra seu ciclo, seja do ponto de vista dos *valores* buscados, que variam de acordo com as *situações* em que se encontra a personagem romanesca como indivíduo no interior do conjunto de relações sociais em que vive. No entanto, este paradoxo é a própria essência do romance real-naturalista e a *epopeia na finitude*, por isto, existiu enquanto a realidade de que era depositária, a *síntese burguesa*, existiu. Esta, por sua vez, existiu enquanto o processo histórico pelo qual ou no seio do qual fora gerada se manteve, possibilitando aquela "inocência" paradoxal do indivíduo plenamente seguro de si e da *realidade* exterior do mundo, apesar de agir nos limites da passagem do tempo. Paradoxal, mas, de qualquer forma, "inocência".

Ora, foi no momento da crise e da decadência da moderna idade europeia que o paradoxo se revelou, a contradição da *epopeia na finitude* veio à tona e a inocência desapareceu. Em consequência, o romance real-naturalista também entrou em crise e, finalmente, desapareceu.

Em um panorama amplo, esta é, em última instância, a *realidade* em Kafka. No crepúsculo do fóssil histórico que era o Império dos Habsburgos, Kafka encontrou a atmosfera para, esvaziando-o da *realidade*, destruir o romance real-naturalista em *O processo* e *O castelo*. Em *A metamorfose* Kafka vai ainda mais adiante. Eu diria que este conto é o momento viril, a crise assumida, a implacável tomada de consciência de que a idade europeia, a *síntese burguesa* e o romance real-naturalista começavam então a existir apenas como História. Quer dizer, como passado. Se Balzac é o mundo da moderna burguesia europeia, Kafka é seu contramundo. Um é seu presente. O outro seu passado. Eis a realidade de um e de outro.

DEPENDÊNCIA CULTURAL: NOTAS PARA UMA DEFINIÇÃO

"Dependência cultural: notas para uma definição", ao contrário de "Regionalismo, universalismo e colonialismo", não é um texto que deveria ser refeito. Diversamente, ele deveria servir de ponto de partida para uma obra maior, talvez extensa. Porque, no Brasil, foi o primeiro e único ensaio que tentou, mesmo se precariamente, identificar e analisar histórico-antropologicamente um tema que, sotto voce *e em diapasões variados, ressoa em textos tão díspares quanto* Um homem célebre, *de Machado de Assis,* O homem que sabia javanês *e* Triste fim de Policarpo Quaresma, *de Lima Barreto, "Prefácio" a* Os sertões, *de Euclides da Cunha, e em* O movimento modernista, *de Mário de Andrade. E qual é o tema? É o do* depaysement *mental, das ideias fora do lugar (Roberto Schwartz) ou, na expressão aqui utilizada, da* dependência cultural.

Escrito no início da década de 1970, nos pródromos do terremoto da homogeneização tecnlógico-industrial do Brasil – e do planeta –, este ensaio fala por si próprio. E em anos recentes foi qualificado por alguns de "superado", o que, na gíria intelectual da época, era sinônimo de "datado" ou "ultrapassado". É claro que o é! Apenas um tolo não percebe que, referido a uma situação histórica específica, datada, o ensaio – exatamente por ser objetivo – se tornaria automaticamente datado a partir do desaparecimento daquela – da mesma forma com o que ocorreu com as afirmações de Aristóteles sobre a escravidão na Política! *Correto, isto sim, seria qualificar de completamente ingênuos os dois últimos parágrafos do ensaio. Tão ingênuos quanto a* Carta VII, *de Platão! Mas que extraordinário documento histórico! A* Carta VII, *não meus dois parágrafos, que não têm qualquer importância, a não ser, exatamente, a de refletir a ingenuidade de um jovem. Ingenuidade, aliás, que levou outros daquela geração a um fim trágico.*

Para terminar, observe-se (nota 112, p. 193) que eu voltava a indicar a pista, como já o fizera anteriormente (v. acima, nota 49, p. 91), para uma análise da obra de Machado de Assis a partir da dependência cultural.

VIII
DEPENDÊNCIA CULTURAL: NOTAS PARA UMA DEFINIÇÃO

Nos grandes conflitos bélicos de 1914 e 1939 – que envolveram fundamentalmente as potências capitalistas em uma luta de morte pela apropriação da maior parcela possível do excedente econômico mundial dos espaços coloniais ainda disponíveis – marcaram, sem dúvida, o fim de um período histórico e significaram o início da crise geral do que comum e vulgarmente se denomina *civilização ocidental*. Começara a era pós-europeia e, com ela, o fim do Ocidente pós-renascentista e das estruturas socioeconômicas dele específicas: a expansão mercantil/industrial-capitalista e o colonialismo em escala planetária. As potências europeias encerravam seu ciclo de dominação hegemônica e cediam lugar a dois modernos Leviatãs industriais, suficientemente gigantes (EUA) ou suficientemente centralizados (URSS) para resolverem, pelo menos temporariamente, as inequações responsáveis pelo declínio das potências que os haviam imediatamente precedido. Mas não era apenas isto que ocorria. Este processo de *substituição hegemônica* (particularmente no que se refere aos EUA em relação à Europa Ocidental, pois no que diz respeito à URSS bem poderíamos qualificá-la como a *primeira nação periférica emergente*) escondia ou disfarçava a existência, sob a superfície, de um outro vetor histórico de diversa e complexa natureza: a movimentação ascensional dos povos não-europeus (Ásia e África) e das nações semicoloniais caracterizadas pelo que se poderia chamar de *cultura de prolongamento* (América Latina). Esta movimentação manifestava-se, ao surgir no horizonte pós-europeu, quer através do início da resistência à agressão colonialista na Ásia (Índia e, em particular, China) e da decisão das duas superpotências de desmantelarem os impérios coloniais europeus após o segundo conflito (Ásia e África), quer através da progressiva tomada de consciência, no seio das sociedades definidas como possuidoras de uma *cultura de prolongamento*, da crise dos centros hegemônicos e das profundas transformações que ali se desencadeavam. Contemporaneamente, generalizavam-se as guerras de libertação entre os povos não-europeus e, assim, encerrava-se o período colonialista. As colônias que ainda restavam – e, talvez, ainda restam – representavam um dado residual de um fenômeno a rigor já pertencente ao passado.[106]

---

106 Este ensaio foi escrito em 1973/74 (nota de 2000).

Estas profundas transformações históricas ocorridas nos centros hegemônicos provocaram uma angustiante *sensação de orfandade* nas sociedades semicoloniais, abalando até aos fundamentos a *cultura de prolongamento* que as caracterizava. Parece ser neste contexto que, como tentativa de superar a *angústia de orfandade* e assumir a própria identidade histórica, surge no seio destas sociedades periféricas o conceito de *dependência*.

Antes de proceder a uma análise do termo *dependência* e do fenômeno que define ou pode definir, é preciso tornar explícitos alguns pontos apenas sugeridos implicitamente no parágrafo anterior. Em primeiro lugar, o termo *dependência* – que pode ser e é utilizado plurivocamente, como se verá em seguida – é tomado aqui para definir um fenômeno determinado gerado pela relação de subordinação específica das sociedades periféricas possuidoras de uma *cultura de prolongamento*, isto é, em outros termos, das sociedades semicoloniais latino-americanas. Esta relação de subordinação tem, na verdade, características muito singulares, pois tais sociedades se manifestam historicamente como prolongamento dos centros hegemônicos capitalistas, não sendo (ao contrário dos territórios coloniais da África e da Ásia) simples feudos destinados à exploração de rapina ou meros enclaves comerciais nem exigindo a dominação militar direta ou a destruição radical das culturas autóctones. Em outras palavras, por *sociedades periféricas caracterizadas por uma cultura de prolongamento* entendo as da maioria absoluta das nações latino-americanas que, por volta do início do séc. XIX, ao se integrarem na periferia do capitalismo central, o fazem por livre e espontânea vontade (às vezes nem tão livre nem tão espontânea mas, sempre, finalmente aceita de uma ou de outra forma a partir *de dentro*) das elites nativas dominantes.[107] Ora, é justamente esta aceitação a partir *de dentro* que define a sociedade dependente (e a *cultura de prolongamento*).

Portanto, as palavras *dependente* e *dependência* não têm, no âmbito destas breves notas, o sentido que poderiam ter em outro contexto de análise do fenômeno da emergência dos povos do Terceiro Mundo, da crise das sociedades centrais etc. Assim, por exemplo, posso fazer duas afirmações: "A sociedade brasileira é uma sociedade dependente" e "A Argélia foi uma nação dependente". Ora, é evidente que o termo *dependente* tem dois sentidos, a rigor ambos corretos. Apenas que – no contexto deste ensaio – somente nos interessa o sentido que a palavra *dependente* possui na primeira das duas afirmações. Na verdade, a Argélia foi uma nação dependente da França em termos econômicos, políticos, militares etc., tendo sido também uma sociedade periférica

---

107 Torna-se claro que a afirmação se refere às *elites criollas*. Isto não significa que se ignore neste ensaio a gesta sanguinolenta da conquista, como se verá em seguida. Ocorre apenas que as sociedades dependentes latino-americanas se estruturam a partir da conquista mas não se identificam com ela. Na América Latina, a conquista é, a rigor, um acontecimento da história dos *impérios salvacionistas* ibéricos, ao passo que as sociedades dependentes são o segundo momento do que chamo de *história ocidental-europeia* do continente. E é especificamente destas sociedades dependentes que estas notas se ocupam.

no sentido de que serviu durante certo tempo às necessidades da expansão do capitalismo europeu/francês. A Argélia jamais foi, porém, uma *sociedade periférica dependente* caracterizada por uma *cultura de prolongamento*. Tal como no caso geral das nações asiáticas e africanas, na Argélia manifestou-se, a partir de determinado momento, um choque de culturas e o colonizador e a cultura do colonizador foram expulsos. Portanto, pode ter existido uma sociedade argelina economicamente dependente, historicamente periférica (da perspectiva dos *centros*) e, até, culturalmente dominada. Nunca, porém, existiu uma sociedade argelina *dependente* no sentido das sociedades semicoloniais latino-americanas caracterizadas por uma *cultura de prolongamento*.

Resumindo tudo: as notas que seguem dizem respeito apenas às sociedades latino-americanas em geral e à sociedade brasileira em particular, sem pretensão teórica de abarcarem a realidade global do Terceiro Mundo, se bem que, obviamente, a questão faça parte desta mesma realidade global das sociedades emergentes da idade pós-europeia.

O conceito de *dependência*

Seria interessante procurar estabelecer o momento em que o termo *dependência* passou a integrar o arsenal ideológico da *intelligentsia* latino-americana. Se bem que tal seja impossível neste momento, tudo leva a crer que o fato ocorreu por volta do início dos anos 60, quando o fracasso das soluções econômicas *desenvolvimentistas*, que abalou o otimismo dos grupos progressistas da *intelligentsia*, unido à tomada de consciência cada vez mais clara da crise das sociedades capitalistas centrais (guerra da Argélia e do Vietname, casos de Cuba e São Domingos), passou a exigir uma *revisão do processo* em bases que não fossem alienígenas, pois o fim das ilusões burguesas do *desenvolvimentismo* fora também o fim das ilusões marxistas do *esquerdismo* (a invasão da Tchecoslováquia pelas tropas do Pacto de Varsóvia seria o golpe de misericórdia). Esta revisão toma corpo muito lentamente, apresentando-se mais ou menos completa ao final dos 60. No início dos 70 alcançaria a plena maturidade e passaria a influenciar todas as correntes da *intelligentsia* latino-americana, fossem elas moderadas ou radicais. Ao que parece, o momento atual é caracterizado por um compasso de espera em que o *pensamento da dependência* – como já são chamadas tais teorias – está sendo *digerido* por amplos grupos das elites intelectuais do continente. O que virá depois desta *digestão* não se sabe nem interessa aqui.

Ao tentar definir o conceito de *dependência* é necessário, inicialmente, observar que o termo – além de ser utilizado por teóricos latino-americanos que se enquadram em um amplo espectro ideológico que vai do centro moderado à esquerda radical – tem sido utilizado nos mais variados campos. Assim é que se fala hoje em *dependência tecnológica*, *dependência econômica*, *dependência militar*, *dependência cultural* etc. Em resumo, o termo adquiriu uma plurivocidade muito ampla, sendo necessário delimitar seu sentido com a precisão que for possível. Sem entrar em discussões teóricas sobre a viabilidade da utilização do conceito de *dependência* a este ou àquele setor e sem pretender ordenar e explicitar a plurivocidade adquirida pelo termo, é preciso colocar como pressuposto que não farei referência à problemática das relações das nações dependentes com os centros hegemônicos nos terrenos específicos da economia (a dependência materializada no *intercâmbio desigual*), da estratégia (a *dependência militar*), dos conhecimentos científicos (a *dependência tecnológica*), da política (a *dependência socioestrutural*) etc. Tais temas são importantes e podem ser, e são, afins ao que pretendo analisar rapidamente, mas não se identificam com ele. O tema aqui é o da *dependência cultural* ou, se a ambição da análise fosse mais ampla e mais profunda, da *dependência cultural-filosófica*. Para não correr o risco de suscitar maiores complicações terminológicas e ter que apresentar novas explicações, fazer contínuas ressalvas e assim por diante, fiquemos com a primeira das duas expressões: *dependência cultural*.

O conceito de *dependência cultural*

A história ocidental-europeia da América Latina começa com a expansão mercantil/militar/religiosa dos *impérios salvacionistas*[108] ibéricos, tem continuidade na expansão industrial-capitalista do Estado burguês anglo-francês e alcança, em nossos dias, a idade pós-europeia, caracterizada pela hegemonia tecnológico/militar/financeira de uma nova Cartago cujo poder é literalmente aterrador.

Os *impérios salvacionistas* naufragaram na voragem da sua irracionalidade estrutural, que pretendia conciliar o terreno e o eterno. Mas seu naufrágio não deixou órfãos os povos latino-americanos nascidos de seu ventre através da conquista sangrenta e apocalíptica, pois a racionalidade terrenal do Estado capitalista anglo-francês se apressaria em substituir a irracionalidade ibérica. Da mesma forma, a crise e o fim da idade europeia passariam quase desapercebidos aos povos latino-americanos,[109] pois a nova Cartago, o grande empório comercial-tecnológico norte-americano, sendo um prolongamento do Estado capitalista primordial, ocultou ou, pelo menos, disfarçou o grande cataclisma materializado nas guerras civis europeias do século XX.

Encerrara-se a história do Ocidente pós-renascentista. Mas a *intelligentsia* latino-americana em sua inocência (isto é, em sua *dependência cultural*) devorava

---

108 A expressão é de Darcy Ribeiro.

109 No Brasil, Mário de Andrade parece ter sido o único a ter consciência desta crise, se excetuarmos as correntes de esquerda, que se davam conta do processo mas a partir de uma perspectiva ainda europeia. V., a respeito de Mário, *Aspectos da Literatura Brasileira* (Civilização Brasileira/MEC, 1973), especificamente o ensaio sobre o movimento modernista.

Nietzsche, Heidegger, Sartre, Beauvoir, Joyce, Camus, Proust, Hesse etc., e procurava neles identificar-se cultural e existencialmente. Por um momento ainda os povos latino-americanos não tinham ficado órfãos. Até o momento em que a nova Cartago, revelando a fragilidade e a caducidade do Leviatã industrial-capitalista da era pós-europeia, se envolvesse nos pantanais vietnamitas.[110] Foi então que os povos latino-americanos se sentiram órfãos. Começara uma nova era para o continente gerado pelos *impérios salvacionistas:* a era da história latino-americana, sem mais. Chegara o momento de assumir a orfandade e fazer dela (ou, melhor, descobrir nela) o fundamento ontológico do *ser latino-americano.* Encerrava-se para a América Latina a *idade da dependência,* se bem que não tenha se encerrado ainda a *idade da submissão.*

É preciso, porém, avançar mais lentamente e perguntar como se poderia definir *dependência cultural.*

Antes de tudo é necessário repetir o que já foi dito: parto do princípio de que *dependência cultural* é um fenômeno histórico, específico e determinado, cuja manifestação se dá nos espaços semicoloniais latino-americanos em que se estruturaram sociedades dependentes caracterizadas essencialmente por uma *cultura de prolongamento.* Por *dependência cultural* entendo, pois, as formas ontológico-históricas com que tais sociedades

---

110 Para a esquerda, como foi visto, algo que correspondeu a isto foi a invasão da Tchecoslováquia pelas tropas do Pacto de Varsóvia, em 1968.

se revelaram ao mundo. Em termos mais simples, as formas próprias de seu existir.

Pode-se fazer um esquema frasal bem simples para a melhor compreensão do que foi dito até aqui. Este esquema poderia ter a forma seguinte: após a destruição, pela colonização de rapina dos *impérios salvacionistas ibéricos*, das sociedades indígenas locais, nos espaços semicoloniais latino-americanos se organizaram, com o tempo, sociedades dependentes dos centros hegemônicos europeus caraterizadas por uma *cultura de prolongamento* cuja especificidade ontológico-histórica é a *dependência* (cultural).

Estabelecido isto, podemos tentar determinar os elementos fundamentais que dão forma a esta *dependência cultural*.

Os elementos da dependência cultural

Acentuando mais uma vez que o conceito de *dependência cultural* é aplicado a um fenômeno histórico específico do Ocidente pós-renascentista, fenômeno que se origina da (ou é a própria) especificidade das *culturas de prolongamento* das nações latino-americanas em relação ao que se poderia chamar de *cultura central*, tentemos determinar os elementos que poderiam ser qualificados como essenciais a este fenômeno. Sem pretensão a qualquer rigidez ou a posições definitivas, talvez seja possível identificar dois núcleos principais:

– a *"falsidade" ontológico-histórica* da sociedade dependente;

– a estrutura dicotômica, vertical e horizontalmente, desta mesma sociedade.

a) A "falsidade" ontológico-histórica

A *dependência* – no âmbito destas notas – poderia ser definida como a situação psicológico-cultural característica dos integrantes das sociedades periféricas semicoloniais geradas pela expansão do capitalismo central após o naufrágio dos *impérios salvacionistas* e da irracionalidade que a eles era intrínseca.[111] Na hipótese que apresento, esta situação de *dependência* tem como característica fundamental e essencial a inautenticidade da superestrutura ideológico-cultural em relação à infraestrutura sócio-histórica. Em outras palavras, a *dependência* é a situação em que não há homologia entre a superestrutura ideológico-cultural e a teia de relações sociais e históricas sobre as quais esta superestrutura está colocada.[112] Alguém poderia dizer que, neste caso,

---

111 Na medida em que Anchieta e Las Casas pregavam o Evangelho que a todos os homens, indistintamente de cor, raça ou posição social, pretendia lançar na grande canastra celeste, não se pode falar ainda em *sociedade dependente*. A rigor, a doutrina do Evangelho, pelo menos na pureza com que Las Casas e Anchieta a representam e a apresentavam, tinha os mesmíssimos objetivos, na Europa e aqui. O fato de que, concomitantemente, os conquistadores militares realizassem suas proezas sangrentas e praticassem atos da rapina mais brutal não afeta o problema. Pelo contrário, as duas linhas de atuação definiam exatamente aquilo que chamei de *irracionalidade* dos *impérios salvacionistas* ibéricos, condenados, pelo peso da tradição romano-cristã, a oscilarem continuamente entre o terrenal e o eterno. E a pregação do eterno, por sê-lo, jamais poderia gerar uma inadequação entre infraestrutura e superestrutura pelo simples fato de que nele, no eterno, estas camadas inexistem. Tudo é visto *sub specie aeternitatis*.

112 A homologia, na hipótese que apresento, pode existir apenas na produção artística das sociedades *dependentes* caracterizadas por uma *cultura de prolongamento*. A arte, por ser arte, necessariamente fixaria, no plano simbólico, a

teríamos uma homologia negativa que, dialeticamente, seria também uma homologia, pura e simplesmente. Claro, é exatamente esta homologia negativa (ausência de homologia) que é a *dependência*.

Evidentemente, no caso de que estamos tratando, a superestrutura ideológico-cultural não nasce da teia de relações sociais mas é *imposta* de fora, do *centro*. Contudo, esta *imposição*, como se viu, é aceita *de dentro* nas sociedades periféricas caracterizadas por uma *cultura de prolongamento*. Exatamente ao aceitarem-na é que as sociedades (elites) latino-americanas manifestavam seu *ser dependente* a que correspondia, na infra-estrutura econômica, seu papel periférico e *secundário* (mas nem por isto menos imprescindível ou menos necessário para as economias centrais) na expansão do capitalismo europeu/ocidental, ou seja, do Estado burguês anglo-francês.

Esta *inautenticidade* ou esta *"falsidade" histórica* das sociedades latino-americanas – que é, dialeticamente, sua própria autenticidade de *ser dependente* – ficará melhor explicitada, creio, com a referência a um

---

inautenticidade histórica das sociedades *dependentes*. É o que ocorre, parece-me, em Machado de Assis, o ponto culminante da narrativa real-naturalista brasileira. Enquanto na Europa o real-naturalismo francês e inglês narrava a ascensão da burguesia, no Brasil, através de Machado, a fórmula real-naturalista servia para narrar a negatividade intrínseca da sociedade *dependente* carioca do séc. XIX. Enquanto Defoe e Balzac, por exemplo, espelham o *élan* das classes burguesas ascendentes dos sécs. XVIII e XIX na Europa, Machado de Assis reflete a impotência histórica das classes dominantes e *dependentes* brasileiras. Era natural: no esquema da expansão industrial-capitalista do Estado anglo-francês, estas últimas serviam àquelas. Eram apenas *objeto* do projeto hegemônico e, como tal, impotentes em sua *dependência*.

tema muito caro, no Brasil e na América Latina, a *estudiosos* (figuras, em sua maior parte, folclóricas ou pouco menos) da história e da cultura continentais: a ausência de filósofos latino-americanos. Mais uma vez, este tema não pode ser analisado aqui exaustivamente como o exigirá ou, melhor, como já o está exigindo a reflexão da *intelligentsia* latino-americana. Limito-me apenas a tocar rapidamente no assunto.

Parece evidente que as sociedades dependentes caracterizadas por uma *cultura de prolongamento* não podiam – como realmente não puderam, o que se torna claro a partir de uma análise *a posteriori* – gerar uma reflexão filosófica no verdadeiro sentido do termo. Isto não apenas pelo fato, quase mecânico, de os *modelos* (*patterns*) já chegarem prontos e acabados às periferias e serem *impostos* a partir dos centros, mas principalmente porque, por sua própria natureza, o *ser dependente* das sociedades semicoloniais latino-americanas jamais propiciara o surgimento da *sensação de orfandade* ontológico-histórica. Em outros termos, a descontinuidade entre a infraestrutura sócio-histórica (a teia de relações sociais reais) e a superestrutura psicológico-cultural *fornecida* pelos centros e aceita *de dentro* pela sociedade dependente impedia o nascimento, no horizonte cultural, de qualquer ontologia, isto é, de qualquer pensamento adequado à realidade global circundante e que procurasse defini-la e compreendê-la. Enfim, a *"falsidade" histórica*, que é o fundamento da *dependência*, era a barreira intransponível que se erguia no caminho e que delimitava *o espaço ontológico das culturas de prolongamento*. Neste espaço somente teria condições de realizar-se (em sua intrínseca negatividade) a *reflexão filosófica de prolongamento*, momento residual e secundário do pensamento *central*. Sem jamais ter experimentado a orfandade, o *ser dependente* semicolonial jamais acederia à maturidade, contentando-se, infantilmente satisfeito, em armar jogos de retaguarda cuja natureza nunca pretenderia nem poderia captar, pois nada sabia da experiência ontológico-histórica que os tinha feito surgir no horizonte cultural das sociedades *centrais*.

Eis por que jamais houve *filósofos latino-americanos* e eis por que, talvez, comecem eles hoje a existir.

b) A estrutura dicotômica da sociedade dependente

O fenômeno da *dependência cultural* pode ser considerado uma caraterística essencial da *cultura de prolongamento* das sociedades semicoloniais latino-americanas. Contudo, parece-me, a questão se apresenta um pouco mais complicada, pois estas sociedades possuem (ou possuíram) uma estrutura complexa, heterogênea, dicotômica, estrutura que não se identifica pura e simplesmente com a que está na base da *dependência cultural*. Esta estrutura heterogênea, complexa, dicotômica parece ser o outro elemento fundamental que define a especificidade das sociedades *dependentes* do Ocidente pós-renascentista.

Este outro elemento é fornecido pela evidência de que no interior das sociedades *dependentes* desenvolveram-se, com maior ou menor intensidade e importância (variando de acordo com as peripécias da conquista e da consolidação desta), núcleos que poderiam ser qualificados como possuidores de uma *cultura marginal contradependente*. No termo *marginal* não há aqui qualquer sentido de valoração pejorativa ou secundária. Pelo contrário, tudo indica que estas *culturas marginais contradependentes* marcarão a história das nações semicoloniais latino-americanas de forma mais profunda e indelével do que os elementos diretamente *dependentes*, provenientes de maneira imediata dos centros hegemônicos. Mais ainda, parece que será através da força haurida nestas *culturas marginais contradependentes* que a América Latina conseguirá destruir seu *ser dependente* e nascer assim, liberada e autêntica, para a História. É necessário, porém, avançar lentamente e acentuar, sempre de novo, que as ideias que seguem são apresentadas como hipóteses e não como certezas estabelecidas, para propiciar o debate e não como mais um dogmatismo qualquer destinado a disputar lugar com os vários já existentes.

Parto da seguinte hipótese fundamental: a forma específica com que se organizaram (talvez fosse mais exato dizer *foram organizadas*) as sociedades periféricas latino-americanas tendo em vista as necessidades das sociedades centrais originou uma dupla fragmentação. Ao contrário das sociedades centrais europeias, que, a partir do fim da Idade Média, passaram por um processo que poderia ser denominado de *homogeneização mercantil pré-capitalista*, que foi, exatamente, o mecanismo propulsor da expansão planetária do Ocidente,[113] ao contrário destas, repito, as sociedades periféricas dependentes passaram por um processo de fragmentação horizontal e vertical a partir da conquista, processo que se prolongou até meados do século XX. Não sendo possível descrever aqui exaustivamente as diversas infraestruturas e subinfraestruturas que caracterizam estas sociedades fragmentadas,[114] com as respectivas superestruturas culturais, que são as que nos interessam, proponho o esquema gráfico para facilitar a compreensão.

No esquema pode ser visualizada bastante claramente a hipótese proposta, cujo núcleo fundamental é a fragmentação horizontal e vertical.

		CULTURA (URBANA) DEPENDENTE Sociedade (urbana) dependente	
Sociedade agrária arcaica – Interior II (Pecuária e agricultura de subsistência) CULTURA MARGINAL ARCAICA CONTRADEPENDENTE	Grupos dominantes	Interior I Produção agrícola para o mercado (principalmente externo)	Costa Núcleos urbanos mercantil-capitalistas
	Grupos dominados	Sociedade (rural)	marginal (urbana)
		CULTURA MARGINAL URBANA) CONTRADEPENDENTE	

---

113 Parece ser necessário excetuar alguns grupos étnicos e culturais que resistiram a esta integração e que hoje, não por coincidência, estão fazendo notar sua presença. Entre tais grupos estão os bascos e os irlandeses.

114 V., para uma análise socioeconômica, Frank, André Gunder. *Capitalismo y subdesarollo en América Latina*. México: Siglo XXI, 1971.

Na parte superior à direita temos a *sociedade dependente*, dividida, por sua vez, em um núcleo urbano mercantil-capitalista (Costa) e um núcleo de agricultura para exportação e, com menor importância, para o mercado interno (Interior I, com a produção de açúcar, café, cacau e pecuária no sul). Em termos políticos, este é o reino absoluto da oligarquia, até 1930. Em termos culturais, é o espaço da *cultura urbana dependente*, que a rigor só existe na costa, se bem que, em particular após 1930, o interior passe a ser um *tema* abordado assiduamente no plano literário. Será sempre, ou quase sempre, o Interior I, o espaço da agricultura agroexportadora, mesmo quando reveladas ou denunciadas suas mazelas e sua decadência (*Romance de 30*). A *cultura urbana dependente* é quase que essencialmente verbal e nela pontificam o escritor, o *homem de letras*, o crítico literário, o jornalista. Aliás, seu caráter de cultura verbal tem sua justificação histórica: em relação a todos os demais núcleos da sociedade brasileira, a *cultura urbana dependente* sempre fez da alfabetização seu grande privilégio e a forma de manter os privilégios. O que não quer dizer que entre os alfabetizados não tenham existido dissidentes. Lima Barreto e Euclides da Cunha são os exemplos mais radicais. A dissidência do primeiro se dá em sentido vertical enquanto a do segundo se dá em sentido horizontal.

Na parte inferior à direita temos o grande núcleo da sociedade marginal da Costa (que contém em si os subnúcleos rural e urbano), caraterizados fundamentalmente pelos grupos afro-brasileiros responsáveis pela criação da *cultura marginal urbana contradependente*.[115] Aqui se situam, e é natural que assim seja pelo que foi visto no parágrafo anterior, as grandes contribuições culturais e artísticas não-verbais: a dança, a música, as religiões, a cozinha. Economicamente, é o núcleo da famulagem rural e urbana (Costa e Interior I), acrescido dos vagabundos,

---

115 Devemos observar que na base desta *cultura contradependente* se encontra também o transplante cultural. Somos prolongamento também aí. Com uma diferença, todavia: a funcionalidade ideológica que este transplante adquire é diversa da funcionalidade adquirida pela importação cultural efetuada na fracção superior (ou dominante) da sociedade, já na medida em que está circunscrito aos espaços marginais desta mesma sociedade; e, mais ainda, pelo fato de que a proveniência, quanto a local e tempo, é diversa. A base original da cultura contradependente se encontra, em alguns casos (música, dança etc.), na África – espaço colonial – ou, então, em estágios culturais desaparecidos há séculos nas sociedades hegemônicas (é o caso de lendas de origem medieval, em particular do espaço ibérico). Parece, portanto, que os núcleos que são qualificados como *contradependentes* apresentam duas caraterísticas essenciais: em primeiro lugar suas manifestações culturais têm um tempo histórico próprio (estão *defasadas*, se poderia dizer, se este termo não carregasse em si um sentido pejorativo), diverso daquele que carateriza as manifestações culturais dos países centrais europeus; em segundo, estes núcleos não mantêm (ou não mantiveram) contato permanente com núcleos culturais *dependentes* (no Brasil, a costa atlântica). Assim, conclui-se, o isolamento de tais núcleos e a funcionalidade ideológica própria que adquiriam suas manifestações culturais (mesmo quando tematicamente semelhantes ou idênticas a momentos medievais europeus) demonstram possuírem eles uma *nova*, uma *outra* natureza, que não tem nada, absolutamente nada, a ver com a natureza das sociedades medievais europeias que foram a matriz de onde se originaram temas e até formas de suas manifestações culturais (caso dos cantadores do Nordeste brasileiro). A falta de perspicácia histórica – ou a falta de interesse em tê-la! – é a causa do ridículo a que se expõem os *literatos* brasileiros e/ou latino-americanos quando trombeteiam aos quatro ventos terem descoberto a pólvora: há temas medievais em Guimarães Rosa! Interessantíssimo, cômico e admirável, por exemplo, é o fato de Riobaldo narrar façanhas *medievais* a um *doutor* que possuía um jipe, possivelmente saído das linhas de montagem da Ford ou da GM... Qual é mesmo a relação, qual a ponte entre a Idade Média e a idade do capital monopolista? A quem responder *nenhuma*, nossos *literatos* perguntarão, com toda a candura da santa ignorância: "E daí? Qual o sentido de tal pergunta?..." O que se deve perguntar é: qual é o sentido de tais literatos?!...

pequenos artesãos e setores dos mais baixos escalões burocráticos das cidades.

Em termos gerais, na história brasileira oficial, apenas a *sociedade dependente* aparece como personagem, subentendendo-se que o setor marginal desta mesma sociedade aparece somente por exclusão. A sociedade brasileira dependente, isto é, os grupos dominantes urbano-agrários jamais puderam ou jamais quiseram tomar consciência da existência de um outro Brasil, do Brasil arcaico,[116] a não ser como o *interior bruto e incivilizado*. Excetuando o caso de um gênio como Euclides da Cunha, a fragmentação vertical por ninguém

---

116 O termo *arcaico*, como ficará claro no texto, é empregado aqui como qualificativo para designar os núcleos que, no interior de um país *dependente*, passaram por um processo de involução (ou defasagem) histórico-cultural. Portanto, o termo não tem, em absoluto, o sentido de dualidade radical com que é usado em análises que insistem no fenômeno da existência de *dois Brasis* (caso típico é o de Jacques Lambert). Na verdade há *um só* Brasil, no seio do qual, por vicissitudes de nação periférica atrelada às necessidades imediatas dos centros hegemônicos, núcleos que mantinham ligações diretas com a metrópole viram cortadas radicalmente tais ligações a partir do momento em que ela não tinha mais interesse neles. No Brasil temos, como exemplo e pela ordem, o caso do açúcar (séc. XVII), da pecuária do Norte e Nordeste (séc. XVII), da mineração (séc. XVIII). Os núcleos arcaicos não são, pois, um *corpus* à parte, desligado do resto das estruturas da nação. Pelo contrário, se há (ou houve) *dois Brasis*, o arcaico e o *europeizado*, é porque há (ou houve) *um só* Brasil *dependente*. A distinção torna-se necessária não só para evitar confusões terminológicas como principalmente para mostrar, eis a questão fundamental, que tais núcleos arcaicos, sujeitos às mudanças de *orientação* da economia mundial e, por extensão, nacional, podiam, de um momento para outro, ser reativados e englobados parcial ou totalmente nesta mesma economia mundial, o que, é claro, implicaria (como realmente implicou) em seu desaparecimento. Esta nota diz respeito apenas ao caso do Brasil e de outras nações latino-americanas com uma evolução histórica mais ou menos semelhante (Venezuela e Colômbia, por exemplo). No que se refere aos países cuja cultura tem forte base autóctone (é o caso do Peru e da Bolívia) a questão apresenta, como é óbvio, conotações bastante diversas e mais complicadas (Nota, como a anterior, redigida com a colaboração de J. H. Weber).

fora notada. A não ser quando surgia como ameaça a ser destruída (Canudos, Contestado etc.).

Retornando ao nosso esquema, temos à esquerda a sociedade arcaica brasileira (os núcleos da agricultura de subsistência e da pecuária do centro-sul para cima, com pouca ou nenhuma ligação com a Costa), que é o outro Brasil, com suas próprias e brutais contradições, palco em que se desenrolam os dramas de Canudos, do Contestado, da jagunçagem e, enfim, mas não por fim, do *coronelismo*. Os grupos dominantes da sociedade arcaica se relacionam com os grupos dominantes urbano-agrários apenas através da mediação dos *coronéis*. Em termos culturais, ao contrário do que ocorre no caso dos grupos dominantes da *sociedade dependente*, não parece ter existido um padrão cultural que pudesse ser adjudicado como específico aos grupos dominantes da sociedade arcaica. De qualquer forma, é algo a pesquisar e uma obra como *D. Guidinha do Poço*, de Manuel de Oliveira Paiva, apresenta características que não poderiam ser atribuídas, em termos de valores, pura e simplesmente à *cultura dependente*. Como quer que seja, em termos culturais não parece existir uma separação radical entre dominantes e dominados – separação que se manifesta rigidamente no Interior I –, se bem que seja especificamente entre os grupos dominados que surge o que chamei de *cultura marginal arcaica contradependente* (e que nossos críticos literários, com a falta de perspectiva histórica que lhes é própria, viriam a chamar de *medievalismo*), cujas manifestações fundamentais são a literatura dos *cantadores* e o artesanato variado. Etnicamente, o caboclo é o elemento preponderante, quase absoluto.[117]

As transformações

Pode-se dizer que até por volta de 1930 as estruturas específicas – com sua fragmentação respectiva – da sociedade brasileira dependente não sofreram qualquer abalo, pelo menos em termos de organização sociopolítica. Evidentemente, a agitação política e cultural dos anos de 1920 reflete a fluidez que começava a manifestar-se no setor urbano. Os grupos marginais, cada vez mais numerosos e agressivos (reforçados pelo incipiente proletariado industrial e pelos imigrantes), passavam a exigir participação no processo político e diluíam, quando não ameaçavam subverter, a fragmentação horizontal. Respondendo a estas exigências em termos culturais, a *intelligentsia* modernista propunha e obtinha a superação da defasagem entre infraestrutura socioeconômica e superestrutura mental/cultural. A resposta em termos políticos foi dada pela Revolução de 30, em cujo seio a estrutura socioeconômica modernizada (industrialização) e a oligarquia agrária (Interior I) encontraram uma solução de compromisso que

---

117 A existência de grupos residuais indígenas parece ser atestada pela inesperada aparição de Gramiro de Matos, ou, como é mais conhecido, Ramirão, ão, ão (suas obras, até agora, são *Urubu rei* e *Os morcegos estão comendo mamãos maduros*).

a ambas permitiu manter suas posições privilegiadas. É a partir de então que o Estado assume o papel de *mediador*, quer entre o capital industrial (urbano) e a oligarquia fundiária (Interior I), quer entre o bloco dominante representado por estes dois grupos e as massas marginais urbanas (é o chamado *período populista*).

É exatamente a partir desta solução de compromisso que começou a ser destruída a fragmentação da sociedade brasileira e se iniciou o fim da sociedade *dependente* clássica via *homogeneização interna*. Do compromisso de 1930 nasceu no Brasil o Estado moderno que, sempre a serviço das classes dominantes que lhe haviam dado origem e ampliando sua esfera de ação por necessidade de sobrevivência, destruiria a autonomia histórica da sociedade arcaica (à esquerda, no esquema), tanto em termos econômicos quanto políticos e culturais. Em termos econômicos, o planejamento exigido para que o Estado pudesse realmente cumprir sua função de árbitro entre os dois segmentos das classes dominantes e entre estes e os grupos dominados limitou cada vez mais o espaço de movimentação do segmento dominante da sociedade arcaica. Como consequência imediata, este grupo perdeu cada vez mais o que se poderia chamar, mas sem muito rigor, de *autonomia política*. Ali começava a decadência do *coronelismo* autêntico – a partir de então ele só existiu como função delegada pelas *classes do compromisso* – e, automaticamente, da jagunçagem. Os *federais* avançavam para o interior e, com eles, avançavam também as estruturas do Estado moderno centralizado. Sob o signo do compromisso entre a oligarquia fundiária e o capital urbano, e sob o olhar condescendente dos centros hegemônicos, iniciava-se a *homogeneização* do Brasil. Contudo, esta *homogeneização* se processava ainda no interior da sociedade *dependente*, como deve ter ficado claro. Abalada e destruída a fragmentação específica da sociedade dependente clássica, as *classes do compromisso* não estavam rompendo com o passado.[118]

---

118 No setor da criação literária pode-se dizer que a produção modernista dos anos de 1920 ocorreu exclusivamente – com a única exceção, talvez, de *Cobra Norato*, de Raul Bopp – no âmbito da sociedade urbana *dependente*, quando, sob o impacto da diluição da fragmentação horizontal (novos grupos sociais exigiam participação: *tenentes*, operários, grupos imigrantes, burocratas etc.), a elite cultural capta a defasagem brutal existente entre as instituições e os valores republicano-oligárquicos, de um lado, e a realidade crua dos agrupamentos urbanos, do outro. Por outro lado, a *sedimentação* que o chamado *romance de 30* reflete não é senão o contraponto cultural/artístico à estabilização progressiva no setor socioeconômico depois do fim dos anos de 1920: os grupos dominantes agrários e urbanos aceitam a *homogeneização modernizadora* para salvar o que era possível (na verdade, foi salvo muito, ou quase tudo). Como foi dito, não é mera coincidência se quase todos os grandes romancistas de 30 procedem, socialmente, de grupos oligárquicos empobrecidos ou marginalizados, grupos que, por este mesmo motivo, dispunham da consciência possível para compreender os novos tempos e, nesta medida, realizar a *mediação* entre passado e presente, entre o período da pura dominação oligárquica e o da *solução de compromisso* que passava a integrar, pelo menos formalmente, alguns novos grupos sociais emergentes (proletariado, burocratas, classes médias etc.). É revelador, aliás, que um dos *romancistas de 30* (José Américo de Almeida) fosse também um dos principais representantes do *tenentismo*, movimento que marcou de forma definitiva o período pré- e pós-1930. Mais revelador ainda é que grande parte dos *tenentes*, pelo menos dos mais representativos, também procedessem de famílias oligárquicas empobrecidas. Retornando ao problema literário, o real-naturalismo de 30 (*regionalista* e urbano) mostra que a fragmentação horizontal (no esquema, à direita) deixara de existir. Mas não apenas isto. Mostra também, através do que se poderia chamar de *conservadorismo formal* se comparado com as experiências estéticas radicais do período anterior, que uma *nova classe* conseguira estabelecer-se e passara a controlar decididamente os mecanismos do poder, definindo novos padrões de comportamento para a sociedade como um todo (o capítulo

Apenas o modernizavam para possibilitar a sua – delas – sobrevivência. Esta solução de compromisso entrou em crise na década de 1960, quando as *classes do compromisso* revelaram sua incapacidade histórica de assumir a hegemonia nacional e de responder às novas exigências dos tempos. Encerrava-se definitivamente o tempo histórico da sociedade *dependente* clássica, que, reformulada, permitira a solução temporária cuja forma fora o compromisso de 1930.

A partir da crise dos anos de 1960, a burguesia brasileira – as *classes do compromisso* – rompe com a

---

inicial de *São Bernardo* é, neste sentido, exemplo definitivo). João Luís Lafetá, por exemplo, captou muito bem esta *regressão* que está presente no *romance de 30*. Errou ao analisar a questão sob um ângulo normativo (*deve, não deve*), sem encontrar a solução para o problema que levantara de maneira perfeita. A solução é simples: a partir da vitória, todo processo de reorganização passa a comportar-se de maneira mais ou menos conservadora em relação ao radicalismo das propostas do período de agitação imediatamente anterior. O fato é natural e compreensível, pois a partir da tomada de poder a missão essencial é a consolidação do movimento. No campo cultural, as propostas radicais dos anos de 1920 encontram seu *leito de tranquilidade* no romance realista-naturalista dos anos de 1930, que também pode ser qualificado como *solução de compromisso* entre o novo e o velho. No âmbito da sociedade *dependente* não era possível, historicamente, ir além do *conservadorismo modernizador* encarnado por Vargas, que, aos poucos, foi eliminando os *tenentes* mais radicais. No plano literário não era possível ir além da matriz europeia real-naturalista, pois *tudo ocorria ainda no âmbito da sociedade urbana dependente*, se bem que já diluída a fragmentação horizontal. Na verdade, só teriam condições de ir além dela, em termos de criação, os narradores da *nova narrativa épica* (João Guimarães Rosa, José Cândido de Carvalho, Ariano Suassuna, Benito Barreto, João Ubaldo Ribeiro e Mário Palmério), cujas obras são produto, exatamente, do choque entre a sociedade urbana *dependente* e a sociedade arcaica como um todo. Não é simples coincidência se tais autores escrevem *a partir dos anos de 1950*, ou seja, a partir do momento em que se tornara patente que a sociedade arcaica brasileira (Interior II) estava desaparecendo diante do avanço avassalador das estruturas modernizantes do Estado criado em 1930 pelas *classes do compromisso*. A fragmentação vertical desaparecera. O Brasil *homogeneizava-se* sob o signo do avanço das estruturas capitalistas e industriais *dependentes* da costa. A respeito deste choque, em termos culturais e literários, v. *Nova narrativa épica*, 2. ed., Porto Alegre: Mercado Aberto, 1988.

dependência. Não, porém, em termos positivos mas, sim, em termos negativos: em lugar de a renegar, a assume descaradamente, convertendo-se em *burguesia consular* e passando a comandar o processo de *homogeneização imperial* do país sob o signo do capital monopolista e através da utilização da coerção pura e simples. Seu projeto não padecia mais de ingenuidade histórica nem tinha disfarces: tratava-se simplesmente de organizar uma sociedade neodependente submetida ao globalismo imperial pretendido pelas burguesias hegemônicas. Encerrava-se definitivamente o tempo histórico da *dependência* e, por extensão, das classes dominantes dependentes brasileiras, a partir de então totalmente identificadas com valores não autenticamente nacionais e que tendem a negar nosso ser latino-americano. E se iniciava o tempo histórico autonômico da sociedade brasileira em particular e das sociedades latino-americanas em geral. Tudo o que não pertencer a este tempo histórico autonômico torna-se, automaticamente, residual. No momento em que o ser latino-americano assume a própria orfandade, a *cultura dependente* passa para a lata de lixo da História.[119]

---

119 É sintomático o que está acontecendo no Brasil com as chamadas Faculdades de Filosofia, apesar de praticamente ninguém ter-se dado conta ainda da real natureza do impasse que estas instituições vivem. Voltadas exclusivamente para uma *reflexão filosófica de prolongamento*, para um estudo acadêmico, quando não claramente rançoso, estas instituições poderiam ter e tinham realmente algum sentido no tempo em que a *cultura dependente* não entrara em crise, quer dizer, no tempo da vigência absoluta dos valores da *sociedade dependente*. A partir do momento em que a condição de *ser dependente* é desvelada e assumida, tais instituições – que já eram *secundárias* e *periféricas* em

E aqui torno atrás e encerro. Exatamente na medida em que a *intelligentsia* brasileira, à semelhança da das demais sociedades latino-americanas, toma consciência do fim da *dependência* e, dialeticamente, procura resistir aos objetivos de *homogeneização imperial* do projeto neodependente é que tem a necessidade de ressaltar as especificidades culturais/históricas do próprio grupo nacional. Ora, parece evidente que em todas as sociedades latino-americanas esta especificidade é encontrada e haurida no fermento deixado pelas *culturas marginais-contradependentes* ao desaparecerem no vórtice da homogeneização tecnológico-industrial do planeta. É na medida desta resistência que se pode e deve falar em uma sociedade e em uma cultura nacionais e autonômicas ou antidependentes. Criá-las é, no Brasil, a tarefa histórica dos novos grupos sociais emergentes, dos militares nacionalistas e da *intelligentsia* que encontra na *latino-americanização* sua própria identidade.[120]

(1974)

---

relação às instituições *centrais* da mesma natureza – perderam qualquer sentido, tornando-se historicamente residuais. A *filosofia*, a *literatura*, a *sociologia* e a *psicologia* tradicionais pertencem a um tempo que é definitivamente passado, ao tempo da sociedade *dependente*. A partir de agora apenas poderão servir, direta ou indiretamente, ao projeto cultural neodependente da *burguesia consular* e de seus turiferários, com a bênção das burguesias hegemônicas dos países centrais. Tais instituições somente poderão readquirir sentido no caso de, rompendo com o passado já morto, se debruçarem sobre a realidade do *ser latino-americano e brasileiro* em sua radicalidade, quer dizer, em sua especificidade econômica, social, psíquica, cultural e artística.

120 Apesar do tom retórico e altissonante – próprio da época e dissonante do restante do ensaio –, creio que as afirmações presentes nos dois últimos parágrafos podem ser consideradas basicamente corretas trinta anos depois, desde que despidas da visão passional que as impregna. Ainda que, claro, se possa perguntar o que exatamente o Autor entendia então por *valores autenticamente nacionais*... Seja como for, é mais uma prova de que ninguém consegue subtrair-se às influências da sua época e de seu meio (Nota de 2002).

ARTE ENGAJADA

"*Arte engajada: ópio do pequeno burguês ilustrado em crise*" exige pelo menos três observações, que talvez sirvam para justificar sua republicação:

1 – Quem ainda sabe quem foi Günther Grass (v. nota 123, p. 217) julgará este texto um ato de insânia – um despropósito de um sem-noção, como se diria hoje. E nem vale a pena tentar explicar por quê. Simplesmente foi um despropósito! Mas que método admirável! – diria Polônio...

2 – Para que o leitor possa pelo menos vislumbrar o sentido do ensaio, é imprescindível esclarecer que, à época em que foi escrito, arte engajada era mais ou menos sinônimo de panfleto político. Pretensioso e esquerdista, obviamente.

3 – Os que naquele tempo celebravam a dita arte engajada a consideravam a mais recente e genial invenção da espécie humana... Por não ter ainda tomado consciência de forma integral de todas as componentes do

fenômeno, não me foi possível então lembrar a eles, explicitamente, que Sólon de Atenas, Píndaro, Ésquilo, Sófocles, Eurípedes, Aristófanes, alguns dos profetas clássicos de Israel, Virgílio e Dante haviam produzido a mais legítima e verdadeira arte engajada, *elevando-a a um nível de perfeição nunca jamais depois alcançado. Ainda bem que não me foi possível. Pois, como diria Shaskespeare, seria* much ado about nothing...

IX
ARTE ENGAJADA:
ÓPIO DO PEQUENO BURGUÊS ILUSTRADO EM CRISE

Arte engajada não existe. Como não existe fascismo poético ou miséria romântica. Arte é arte. Fascismo é fascismo. Miséria é miséria. Assim, ninguém ficará na obrigação de analisar a possível existência de uma *arte engajada* à direita (por que não?) e de explicar por que não seria viável considerar a arquitetura do III Reich e o *realismo socialista* como os exemplos mais típicos, *ex aequo*, de *arte engajada*...

Arte, por evidência e definição, é algo produzido pelo homem e que, transcendendo a materialidade (o som, a cor, a pedra etc.) de que é composto, subtrai-se à ação do tempo ao adquirir a forma de símbolo cuja perenidade é limitada apenas pela imutabilidade básica da condição humana ("Enquanto a natureza humana continuar a mesma", na expressão aproximada de

Tucídides). Ou pela quebra da continuidade desta, é claro. Se mudar, não está mais aqui quem falou. Se terminar, terminou.

Colocados estes pressupostos básicos, fica evidente por que *arte engajada* não existe. Ou, então, por que toda ela o é, no sentido mais amplo da palavra. Mas, é claro, neste último sentido o adjetivo *engajado* perderia completamente a carga semântica que o refere a um contexto político mais ou menos imediato.

Daqueles pressupostos deduz-se ainda, indiretamente, que, em princípio e por definição, o tema de uma obra de arte poderá ser tanto a beleza de Diotima quanto o assassínio em massa das crianças khmers e vietnamitas e que, também em princípio e por definição, o criador poderia estar à direita de Franco ou à esquerda de Stalin. Pois o criador atua em outra esfera que o legislador, fato que este deve compreender e respeitar, desde que aquele faça o mesmo em relação a este. V. I. Ulianov tem a este respeito uma frase que certamente colaborará para sua fama futura tanto quanto o fato de ter sido o gênio organizador do Estado industrial moderno planificado: "O artista tem todos os direitos, inclusive o de ser expulso".

Ora, é exatamente no seio da confusão gerada pela incapacidade dos letrados europeus ao tempo da crise da hegemonia burguesa, logo imitados pelos deslumbrados pseudo-intelectuais latino-americanos ao tempo da desagregação da velha ordem colonial, de perceberem a natureza radicalmente diversa das duas esferas (a do poder e a da criação) que surge o conceito de *arte engajada*. O problema, portanto, não é a *arte engajada*, que, como se viu, não existe, mas sim o *conceito* de *arte engajada*.

Na impossibilidade *de* e – por que não? – na falta de interesse *em* realizar uma pesquisa histórica sobre o assunto, vou ater-me a ideias gerais, algumas certamente nada novas. Quem com elas concordar e ainda necessitar de provas dê-se ao tempo de elaborar uma trabalhosa teoria. Quem discordar que construa outra.

***

Ao tempo da hegemonia absoluta da burguesia europeia os pequenos burgueses ilustrados a seu serviço não tinham qualquer dúvida em qualificar Zola de *naturalista*. *Realista*? Nunca! Realista era apenas o círculo da burguesia vitoriosa, parâmetro absoluto de aferição qualitativa do real. E, é claro, um tema como o dos mineiros de *Germinal* não poderia ser qualificado de *realista*. Só poderia ser *naturalista*. Era "o exagero da realidade", "o lado sórdido da vida". Respeitável, *realista*? Só a vida da burguesia. A sordidez desta fora passada adiante. Logo, não existia.

Os macaqueantes letrados brasileiros seguiram à risca o achado. Realistas? Só as personagens bem comportadas de Machado de Assis.[121] Aluísio Azevedo com seus cortiços e mulatos, Adolfo Caminha com seus

---

121 Bem comportados apenas na aparência. A sutileza de Machado – verdadeiro anjo exterminador da parasita classe dirigente brasileira do séc. XIX – era demasiada para os embolados cérebros de nossos letrados.

bons-crioulos, Raul Pompeia com seus ateneus, realistas? Nunca! Realista era apenas o mundo dos integrantes da velha classe colonial dirigente e de seus parasitas dignos e bem comportados, incluídos – e como! – os letrados.

Mas veio o dia em que a casa ruiu. A burguesia europeia consumiu-se em lutas autofágicas e os mecanismos de poder tão bem ocultos começaram a delinear-se no palco sombrio das guerras. A pequeno-burguesia, estarrecida, debandava. Quando não aderia corajosamente e ia morrer nos campos de batalha entoando hinos de amor à *douce France*, à *old Albion* ou ao *teuerer Heimat* na esperança de alcançar os páramos celestiais prometidos – que sarcasmo! – pelo mesmo Deus, nunca antes tão uno e tão trino, sob as bênçãos ardentes dos Krupp e com a garantia dos Rotschilds – dos dois lados da Mancha! –, verdadeiros exemplos de compunção e de profundo ardor patriótico. Pelo menos na contabilidade e nos altos fornos...

Não tão idiota, a parcela mais esclarecida da pequeno--burguesia ilustrada escrevia manifestos. Dadaísmos, futurismos, formalismos e neotomismos ajudavam a esquecer o caos e a fazer de conta que o mundo estava sendo transformado. Pelos manifestos!

Mas quando, anos mais tarde, a burguesia francesa, sob o olhar condescendente da outrora pérfida Albion, passou a gritar "Antes Hitler que Leon Blum" a farsa dos manifestos já não podia mais satisfazer ninguém. A velha ordem chegava ao fim. Não só já não era mais possível justificá-la como ainda já não havia mais qualquer forma de fuga. Contudo, como também era impossível organizar uma nova, os pequeno-burgueses encaramujaram-se no existencialismo – já sem o espalhafato escandaloso dos manifestos – e negaram a História ou apelaram para a *arte engajada*, um *Ersatz* um pouco mais digno, sem dúvida, para a impotência do grupo. E assim nasceu o conceito.

No Brasil, país, como se sabe, de clima tropical e habitado por um povo de índole profundamente pacífica, a história repetiu-se. Como farsa, evidentemente.

Na década de 1920, cansados de fazer orações aos moços e de cantar as glórias dos mais puros representantes da raça brasílica – cujos integrantes só o eram, óbvio, se pertencessem à classe dirigente da velha ordem colonial moribunda –, nossos letrados foram atacados de furores modernosos e começaram a transformar o mundo. Através de manifestos! Em seu louvor diga-se de passagem que eles fizeram a Europa curvar-se mais uma vez perante o Brasil, pois o número de manifestos foi aqui, sem dúvida, muito maior.[122]

Mas quando grupos dissidentes das velhas oligarquias coloniais decidiram modernizar o país e salvar o que pudessem antes que fosse tarde, os letrados revolucionários entraram todos na fila da direita, de

---

122 Não por nada as duas únicas exceções – Mário e Oswald de Andrade, mais o primeiro que o segundo – caminharam para o silêncio. Eles eram da estirpe dos Prados, Penteados e Amarais, ou seja, da velha aristocracia cafeeira paulista. Nem um pouco ingênua. E muito menos idiota.

onde era fácil vislumbrar, pelo menos, a porta de uma embaixada qualquer. De preferência a da *France eternelle* das coristas do Moulin Rouge... Realmente, a *arte engajada* era algo ainda um tanto quanto escandaloso para a época. A modernização econômica e administrativa e alguns postos em Faculdades criadas às pressas serviram para acalmar os ânimos exaltados dos letrados, grupo de cavalaria ligeira que na estrutura de uma nação colonial como o Brasil desempenhava um papel mais ou menos semelhante ao dos pequeno-burgueses ilustrados nos países centrais europeus.

O conceito de *arte engajada* só entrou realmente em circulação no Brasil cerca de três décadas depois, quando um novo impulso modernizador das elites dirigentes – já então sob a tutela direta dos Estados Unidos – obrigou-as a apelar para os já então bem mais numerosos integrantes da pequeno-burguesia urbana, dos quais os mais ilustrados continuavam nas Faculdades ou, sentados, à espera de uma nova embaixada onde fosse necessário um adido cultural. Com tanto letrado para tão pouca embaixada – apesar do esforço descolonizador da ONU! –, os pequeno-burgueses ilustrados foram contaminados pela euforia do final dos anos 50 e engajaram-se na transformação do mundo. Pela arte! As mulheres, tradicionalmente mais submissas, liam Simone de Beauvoir. E tornavam-se existencialistas. Mas só até o casamento. Depois, prá quê Simone?

O sonho durou cerca de uma década. Quando acabou, por volta do início dos anos 70, quase todos os pequeno-burgueses – com exceção dos mais idealistas, que marcharam, com coragem suicida, para a morte e que, por isto, são os únicos que podem ser levados a sério – estavam confortavelmente instalados em empresas estrangeiras ou estatais. Ou em cursos de pós-graduação...

Muito mais idiota, a parcela letrada da pequena burguesia tornou-se *estruturalista*, forma característica do irracionalismo pequeno-burguês brasileiro dos anos 70. A farsa repetia-se.

Como sempre nos momentos de crise e de euforia, o pequeno-burguês ilustrado passara a brandir furiosamente o a seu ver poderosíssimo instrumento de transformação do mundo: a *arte engajada*. Diante do fracasso inevitável, submergiu velozmente no irracionalismo e passou a *transar um astral qualquer*.

As duas faces de um mesmo ópio que, nos dois momentos, estabiliza a impotência. Indicações e posologia segundo o receituário da História. Da qual o pequeno-burguês pouco entende e o pequeno-burguês ilustrado nada.[123]

(1977)

---

123 Como adendo quase folclórico, talvez seja interessante referir que este ensaio sobre *arte engajada* me foi solicitado para ser publicado em uma revista alemã então dirigida por Günther Grass... Evidentemente, o ensaio jamais foi publicado e dele jamais tive qualquer notícia! *Et pour cause!*, como diriam os franceses... (Nota de 2002).

A CRÍTICA DE ARTE NA AMÉRICA LATINA

Tivesse eu na cultura ocidental um milésimo, ou um milionésimo que fosse, da importância de Agostinho de Hipona, "A crítica de arte na América Latina" possivelmente seria o principal tema de minhas Retractaciones *(Arrependimentos)... Com efeito, produto da adolescência intelectual, ainda que tardia, este escrito está impregnado de um tom milenarista/messiânico e ideológico/revolucionário que, se levado à prática, me teria transformado em um tolo marxista vulgar, em um impotente facínora/totalitário marxista-leninista ou em vítima de uma louca aventura qualquer, no Araguaia ou em alguma das cidades da costa – caminhos trilhados por muitos de minha geração. Salvaram-me do desastre, de um lado, a diuturna leitura dos grandes historiadores do Ocidente – começando com Heródoto, Tucídides, Políbio, Salústio e Tácito, passando por Villehardouin e Gibbon e terminando com Toynbee e Deutscher, entre muitos outros;*

e, de outro lado, a rejeição visceral ao totalitarismo e a diamantina fé no direito inalienável do indivíduo a seu espaço privado, rejeição e fé que são, ex aequo, a sagrada herança da civilização israelita-cristã e a pedra angular da romanitas primitiva.

Quanto ao mais, isto é, naquilo que diz respeito propriamente à teoria/filosofia da arte, o ensaio é tão atual hoje como quando foi escrito. E o será para sempre. Pois identificar-se com uma obra de arte – em outras palavras, reconhecer-se em um símbolo – é um ato, por definição, individual e, também por definição, estranho a qualquer mediação.

X
A CRÍTICA DE ARTE NA AMÉRICA LATINA

A crítica de arte é sempre secundária. E quando tenta institucionalizar-se através de argumentos que procuram provar sua necessidade ou de métodos que procuram demonstrar sua viabilidade como *ciência*, a crítica de arte deixa de ser secundária para tornar-se prejudicial e reacionária. Prejudicial porque sub-repticiamente desliza para o primeiro plano, procurando encobrir seu caráter secundário e pretendendo atribuir-se uma autonomia que não possui. Reacionária porque atribui ao indivíduo que exerce a função de *crítico* um *status* que só pode existir na medida da vigência e da aceitação de uma sociedade de classes compartimentadas e na medida da aplicação do princípio da divisão do trabalho entre os membros da classe dominante. Tentemos explicitar estas observações.

Partamos do pressuposto de que a arte existe e é a produção simbólica de membros de uma comunidade humana, produção na qual a própria comunidade se reconhece ao encontrar nela, produção, sua identidade. Em outras palavras, um membro da comunidade produz símbolos, que nascem da própria comunidade – pois ele é um integrante dela – e retornam a ela ao serem por ela reconhecidos. Ora, como se pode facilmente deduzir, esta relação primordial entre o criador de símbolos, o próprio símbolo e a comunidade não é mediatizada por qualquer função ou, muito menos, por qualquer instituição. Podemos imaginar os gravadores de Altamira sendo aplaudidos pela horda pré-histórica ou podemos imaginá-los solitários em sua atividade. Pouco importa. O que não podemos fazer é imaginar a existência de um indivíduo cuja função fosse a de explicar o símbolo produzido. Por que não podemos imaginar tal coisa? Pelo simples fato de sabermos que naquele período ainda inexistiam diferenciações de nível cultural entre os membros de uma mesma comunidade.

Ora, se aceitarmos que as diferenciações de nível cultural entre os membros de uma mesma comunidade se ligam diretamente às diferenciações de ordem socioeconômica, a insinuação feita no parágrafo anterior se torna evidência: a função de crítico de arte passa a existir a partir do momento em que no seio da comunidade as diferenciações culturais tinham se acentuado de tal maneira que se tornava necessário *criar* especialistas na interpretação dos símbolos produzidos pelos membros da comunidade. Por que tal se fazia necessário? Porque os símbolos criados no seio da comunidade deviam ser interpretados de tal forma que a interpretação fornecida, aparentando preencher o vácuo existente entre os grupos da comunidade em virtude dos desníveis culturais, servisse na realidade como barreira intransponível a qualquer tentativa de ser dada aos *mesmos símbolos* uma *outra interpretação* que ameaçasse as contradições internas da respectiva comunidade e, em consequência, viesse a pôr em perigo o princípio a partir do qual ela se organizava: a saber, as diferenças de classe.[124]

Alguém poderá dizer que esta é uma descrição mais ou menos aproximada do papel que o crítico de arte desempenhava ao tempo da hegemonia da burguesia europeia ou, de forma macaqueante, ao tempo das sociedades dependentes do espaço semicolonial latino-americano. Exatamente, pois é no seio da sociedade europeia pós-renascentista que surge a figura do crítico de arte e, em

---

124 O símbolo – e, por extensão, toda a arte – é por natureza plurívoco. A este respeito, v. HAUSER, Arnold. *Teorias da arte.* Lisboa/São Paulo: Ed. Martins Fontes, 1973. Sobre a *função de barreira* exercida pela crítica literária brasileira há um exemplo clássico, certamente entre dezenas ou centenas de outros. É o caso de *Lucíola*, talvez a obra mais importante de Alencar, com seu movimento pendular entre a tragédia e o melodrama mais absoluto. Quando é que o romance foi interpretado como libelo brutal à ordem social do II Império, ordem que impõe a Lucíola não apenas a alienação do próprio corpo através da prostituição para impedir a morte da mãe e da irmã por inanição mas também a renúncia final em nome de sua *indignidade* em ascender socialmente através do casamento? Quando foi assim interpretado? Mesmo que um crítico dissidente tenha formulado tal interpretação – o que não me consta –, certamente ela não faz parte do *corpus* crítico oficial alencariano. O motivo é bastante óbvio.

particular, do crítico literário, funções transferidas em época posterior para o contexto das sociedades dependentes latino-americanas (de forma especial no que diz respeito ao crítico literário; sobre isso, veja-se o sexto ensaio deste livro).

Ora, a idade da hegemonia europeia acabou e, com ela, a figura do crítico de arte, pelo menos tal como se apresentava classicamente, quer dizer, como ocupante de um dos setores da divisão do trabalho no interior da fracção dominante daquela sociedade. Por extensão óbvia, as sociedades dependentes latino-americanas caracterizadas por uma *cultura de prolongamento* também encerraram seu ciclo histórico, o que deu lugar a uma situação em que o crítico de arte tradicional latino-americano está duplamente defasado. De um lado, tal como sua sociedade, o crítico de arte latino-americano sempre foi periférico em relação ao seu *colega* dos países centrais. De outro, o tempo de seus *colegas centrais* também já desapareceu.

Naturalmente, não se pode e não se quer negar a possibilidade de que ainda existam entre nós, agora ou no futuro, indivíduos que exerçam uma atividade mais ou menos idêntica, na prática, àquela da mediação entre o artista/vidente e a comunidade/visualizante, pois não se pode negar também que as sociedades latino-americanas atuais – com uma exceção, talvez – sejam regidas por princípios idênticos ou muito semelhantes, empiricamente, aos que eram subjacentes à sociedade na qual se organizou a divisão do trabalho clássica. O que afirmo é que esta função é e será sempre mistificadora e reacionária se continuar sendo exercida nos moldes em que foi institucionalizada no seio de sociedades que desapareceram, seja a europeia central, seja a latino-americana dependente e periférica.

Na América Latina, a crítica de arte só pode existir historicamente em termos efetivos – isto é, sem ser residual e, portanto, reacionária – na medida em que o indivíduo que exercer tal função realizar a tarefa de a desmistificar, mostrando que a mediação entre artista/vidente e comunidade/visualizante só tem sentido hoje se tiver como objetivo destruir as barreiras que impedem o desaparecimento da própria função de mediação. Pois somente assim, ao envolver-se totalmente com a história de sua comunidade, o crítico de arte latino-americano poderá atingir sua meta: a de deixar de ser crítico de arte, a de passar a ser um simples membro de uma comunidade sem desníveis culturais ou, pelo menos, de uma comunidade em que tais desníveis não sejam resultado direto das diferenciações socioeconômicas. Sempre que não trabalhar com este objetivo será um mistificador.

(1974)

A FILOSOFIA DOS SEMICOLONIZADOS

"*A filosofia dos semicolonizados*", da mesma forma que "*A crítica de arte na América Latina*", traz claras as marcas do tempo – ainda que elas em nada afetem os conceitos centrais do ensaio. *Por outro lado, é um texto denso e pesado, que insinua muito mais do que diz e está impregnado de um autêntico tom profético. Para convencer-se disso basta observar hoje, quatro décadas depois, as estranhas e não raro patéticas figuras que no Brasil se apresentam como* filósofos e filósofas – *cujos nomes, aliás, é aconselhável não citar.*

À parte o acima dito, é necessário acrescentar que este ensaio – sem ignorar Crítica da razão tupiniquim, *de Roberto Gomes, em outra linha – continua sendo o único a enfrentar e analisar, a questão levantada à época pelo prof. Gianotti, questão cuja atualidade é hoje a mesma de então, com novas nuances, sem dúvida. De qualquer forma, a filosofia na periferia ocidental-europeia é um tema à espera de um grande autor. Espera talvez vã, pois no continente americano – e particularmente no Brasil – a coruja de Minerva, em desânimo, parece ter alçado voo muito antes do cair do crepúsculo...*

XI
A FILOSOFIA DOS SEMICOLONIZADOS

I

Um artigo do prof. J. A. Gianotti[125] sobre o papel da filosofia e do filósofo hoje coloca múltiplos problemas que, se abordados com alguma profundidade, exigiriam um livro de regular tamanho. Produto de uma crise espiritual evidente – na qual, e não só nela, estamos mergulhados todos nós, latino-americanos privilegiados que aprendemos a ler, a refletir e a tentar interpretar o mundo que nos cerca –, as reflexões do conhecido professor ameaçam desvendar, nos dois primeiros parágrafos, o mal-estar que afeta os *filósofos* – passe a palavra, por ora – das sociedades semicoloniais do continente. Abruptamente, porém, o artigo se

---

125 *Jornal de Debates nº 2.* 2 a 8 de fevereiro de 1976.

desvia – hábito mortal de todo ser colonizado – para generalidades que, mesmo se importantes, mascaram a essência da questão ao diluí-la, seja no saco de gatos de uma suposta *filosofia perene*, seja no contexto dos problemas encarados pelo cidadão do Estado industrial moderno, periférico ou não.

Em absoluto, não pretendo instituir-me em censor do prof. Gianotti – o que seria obtuso –, nem negar a validade geral de suas colocações – o que seria idiota. Parece-me, porém, o que ficará claro a seguir, que o artigo não consegue romper o círculo de ferro daquilo que chamo de *reflexão filosófica de prolongamento*, típica do pensamento semicolonizado latino-americano, incapaz – se excetuarmos Martí, de *Nuestra América*, e raríssimos outros – de agarrar e desvendar seu próprio ser a partir da compreensão global do processo de seu nascimento no horizonte histórico como produto da expansão da Europa branca, mercantil, industrial, capitalista e imperialista. Neste sentido – outro hábito mortal –, o artigo do prof. Gianotti flutua desgovernado pelas regiões do empíreo idealista, incapaz de pousar de forma decidida nas plagas terrenas do mundo real e da História, base imprescindível para que possa surgir uma análise teórica, tanto mais se se propuser influenciar ou formar um *ethos*.

José Martí, que certamente pode ser qualificado de *primeiro filósofo latino-americano*, afirmou, em seu ensaio profético mencionado acima, que no continente se trava uma luta entre "a falsa erudição e a natureza". Entre os esquemas mentais do ser semicolonizado e a realidade que o envolve, poderíamos dizer hoje. Esta inadequação, detectada há quase um século pelo herói da primeira revolução cubana, caracteriza aquilo que chamo de *secundariedade do ser latino-americano* e que, explicitada, responde à angustiada interrogação do professor paulista. Assim, retomemos o primeiro – e o único verdadeiramente fundamental – parágrafo do seu artigo:

> Por que esta obsessão que nos obriga a debruçar sobre escritos alheios e, durante semanas, meses, anos, articular palavra com palavra a fim de construir um edifício de pensamento, onde possamos caminhar como se cortássemos uma cidade estranha e familiar? O que nos leva a gastar grande parte de nossas vidas junto a uma escrivaninha, elaborando nosso discurso por meio do discurso do outro? O romancista emprega seu tempo para criar um mundo imaginário; seus personagens adquirem independência a ponto de cobrar do autor o direito de ousarem viver seu drama até o fim. Mas tudo isto são fitas de escritor, que marca os personagens independentes com sua própria assinatura. O filósofo, entretanto, parece consumir filosofias alheias que, contudo, não são destruídas por este consumo, já que por ele sobrevivem. Suporte do discurso alheio, o filósofo empresta sua voz fiel e deformante aos textos chamativos do passado, com o intuito de elaborar um novo discurso que foge de sua subjetividade para apresentar-se como um pensamento objetivo.

Isto seria o suficiente. Mas continuemos com mais algumas frases do segundo parágrafo:

> Neste exercício se dá um jogo de distanciamento e intimidade com o mundo. Os acontecimentos chegam até nós filtrados pelas diversas óticas armadas por discursos

de terceiros. Tudo se passa como no amor de Swann, que, incapaz de apreender diretamente a mulher querida, chega até ela por intermediários amáveis, reconhecendo em seus cabelos a teia traçada por um pintor familiar, em seu perfil o cunho de um medalhão renascentista, em seu corpo os volumes sugeridos por uma escultura.

Deixando de lado a autocomplacência que parece estar presente na repetição constante do termo *filósofo*, seria difícil dizer o que mais impressiona, em particular nas interrogações iniciais: se a angústia abafada prestes a explodir ou se a ingenuidade do interrogador/constatador. Pois a resposta é óbvia, desde que passemos pela História.

II

O espaço histórico latino-americano é circunscrito pelo espaço histórico ocidental-europeu. Na verdade, os *impérios mercantil-salvacionistas*[126] ibéricos, através da conquista apocalíptica, impuseram ao continente a integração no espaço europeu. A conquista e os dois séculos que a seguem pertencem à história das potências ibéricas e das rivalidades destas com os núcleos primitivos da expansão capitalista central (Holanda, França e Inglaterra).

A rigor, pode-se dizer que até fins do séc. XVIII – isto é, até o desaparecimento do núcleo hegemônico ibérico – não há história latino-americana propriamente dita.

---

126 Expressão de Darcy Ribeiro.

O continente não é senão um latifúndio gigantesco, submetido ao poder discricionário das cortes de Madri e Lisboa, que o limitam, delimitam, marcam e demarcam de acordo com as necessidades e conveniências do momento. Nestas condições, o espaço colonial era espaço europeu. Como bem o prova a concepção ideológica das sucessivas revoltas contra a dominação colonial, a reivindicação de uma nacionalidade não se elevara ainda acima da linha do horizonte latino-americano. Tudo era Europa, e a Inquisição bem pode servir de prova.

O início do séc. XIX marca a consolidação definitiva da hegemonia do Estado burguês anglo-francês e de sua correspondente ordem capitalista e industrial sobre os destroços dos impérios ibéricos e sobre a ordem mercantil-salvacionista que os caracterizava. Os espaços coloniais latino-americanos deixam de ser simples áreas de rapina ou almoxarifados de produtos mais ou menos exóticos para se tornarem unidades produtoras especializadas, organizadas com o objetivo primeiro de atenderem às necessidades de consumo das nações capitalistas centrais em setores específicos e, em troca, servirem de mercado para os manufaturados destas.

A chamada *independência* das nações latino-americanas e a estruturação das mesmas como economias periféricas dependentes do capitalismo central hegemônico são as duas faces de um mesmo processo, ao qual, aliás, pode-se acrescentar uma terceira: a balcanização, destinada a impedir desde o início qualquer veleidade de um *poder continental* que pusesse em perigo a tranquila dominação europeia. A pressão feroz que o império norte-americano exerce hoje com o objetivo de manter o continente estilhaçado não é senão uma herança, para ambas as partes, das maquinações das chancelarias de Paris e Londres, com a diferença de que os métodos aplicados atualmente (v. o massacre chileno) são mais brutais ou, pelo menos, mais evidentes.[127]

É a partir, portanto, do início do séc. XIX que o espaço balcanizado latino-americano é organizado racionalmente sob a forma de unidades produtoras em função de um macrossistema cujo centro era a Europa capitalista. Esta relação estrutural define o caráter dependente das nações latino-americanas, que, a partir das chamadas *independências*, passam a ser, não por acaso, controladas pelas classes dominantes ligadas à(s) unidade(s) produtora(s) que caracterizava(m) a respectiva nação em sua relação com o centro hegemônico.

Evidentemente, a realidade histórica não é tão simples nem tão "pura" quanto as categorias de que nos servimos para tentar organizá-la. Apesar disto, seria impossível negar que a história das nações latino-americanas durante o século XIX e boa parte do século XX gire em torno de um eixo principal: a luta das facções das classes dominantes pela apropriação dos benefícios

---

127 V. ORTIZ, Raul Scalabrini. *Política britânica en el Rio de la Plata.* Buenos Ayres: Plus Ultra, [1973]; GALEANO, Eduardo. *Las venas abiertas de América Latina.* Buenos Ayres: Siglo XXI, várias datas. Ou Lord Canning: "Se soubermos manobrar, a América Latina será nossa pelo menos por um século."

gerados pela(s) unidade(s) produtora(s) que caraterizava(m) cada uma delas no macrossistema do qual eram a periferia. Pode-se argumentar que há uma história marginal ou dos marginais do subsistema dependente, aquela que até hoje não fez parte dos manuais. Isto não anula a afirmação. Pelo contrário, a confirma, ao mostrar que estes grupos marginais foram eliminados *até* dos manuais. E o que é o controle ideológico senão a resultante do controle global no plano econômico e político?

Em termos econômicos, as sociedades dependentes e semicoloniais latino-americanas tiveram uma existência que se prolongou quase sem abalos por cerca de um século. A eclosão da grande guerra imperialista de 1914 – seguida da emergência dos EUA e da URSS como novas potências – marcou o início da crise global do macrossistema capitalista, atingindo, em consequência, de uma ou de outra forma, as unidades produtoras da periferia. A desorganização dos centros hegemônicos e sua progressiva substituição afetaram de maneira radical as nações dependentes e semicoloniais, dando inícioa um processo de profundas transformações que as marcariam de maneira indelével. As estruturas políticas e sociais resistiriam por longos anos ainda, mas pela força da inércia. A sociedade dependente e semicolonial clássica da América Latina encerrava seu ciclo vital propriamente dito e abria-se um período de redefinições, do qual, parece, estamos vivendo os primeiros momentos mais críticos, sendo possível que venha a acabar numa conflagração global do continente. Mas este é outro assunto.

III

Enquanto durou a hegemonia ibérica, o espaço latino-americano caracterizou-se como uma simples extensão econômica, política e cultural dos impérios peninsulares. Obtido graças a uma epopeia sangrenta – no caso da América hispânica – ou graças às feitorias alimentadas pelos dejetos de uma sociedade que precisava de mais e mais produtos para sobreviver – no caso da América portuguesa –, o continente não passava de uma possessão, sem qualquer autonomia, nem mesmo fictícia. O homem europeu era aqui sempre e nada mais do que um europeu, *depaysé*, angustiado, sonhando com o momento do retorno. Para ele não poderia existir o conflito entre falsa erudição e natureza de que nos fala Martí, pois não havia consciência possível para tanto. A vigência dos valores metropolitanos era absoluta, total, completa. Reflexo disto são as produções dos letrados da época, que se alinham rigidamente aos cânones da metrópole, nunca atingindo o nível de uma produção realmente importante.[128] As nações ibéricas

---

128 Há, pelo menos, duas exceções, não por nada chamadas de *marginais*. Uma é Gregório de Matos, do qual sobreviveram as sátiras ferozes contra o colonizador sem grandeza, a não ser nos vícios. A outra é Garcilaso, el Inca, fruto único da união entre o *mundo heroico* da Espanha e o império incaico. V.

tinham perdido o carro da história do Ocidente, que avançava a todo vapor sob o empuxo da máquina capitalista do Estado burguês anglo-francês. Já no início do séc. XVIII, Portugal e Espanha encontravam-se relegados à periferia do mundo europeu e sua sobrevivência dependia da rigidez com que controlassem os espaços coloniais adquiridos no passado. O colonizador ibérico ou, talvez melhor, o conquistador encontrava-se na defensiva, herdeiro de uma cultura cansada, rígida, estratificada, sem condições, portanto, de romper o vínculo com a metrópole e ensaiar um caminho próprio. Não por nada – e certamente como uma destas vinganças sutis da História – a grande arte colonial barroca do continente tem muito pouco de europeu, refletindo fundamentalmente a cultura das populações negra e índia, marginalizadas e brutalmente exploradas.

O mundo ibérico chegava ao fim, as colônias copiavam sua decadência[129] e as culturas submetidas ensaiavam a única vingança que lhes era possível: a dos séculos futuros. Não sobrava lugar para conflitos de nenhum tipo e as revoltas – ou das elites contra a metrópole ou dos marginais contra as classes dominantes – estavam condenadas ao fracasso.

MARIÁTEGUI, José Carlos. *Sete ensaios de interpretação da realidade peruana*. São Paulo: Alfa-Ômega, 1975. Em particular o último capítulo sobre "o processo da literatura".

129 Um bom exemplo é a pobre poesia do chamado *período arcádico* no Brasil.

No primeiro caso porque não existia internamente uma alternativa para a racionalidade do sistema colonial. No segundo porque era impossível sobrepor-se à união dos interesses da metrópole com os das classes dominantes da colônia. Afinal, qualquer agitação dos grupos dominados afetava direta e igualmente a ambas, rigidamente solidárias no que se referisse à necessidade de manutenção do sistema de dominação vigente.

Esta situação manteve-se inalterada[130] até o início do séc. XIX, quando ocorreu a desintegração total do poder ibérico, na Europa e no continente latino-americano. Este, daí em diante, passaria a ser uma peça fundamental dos Estados capitalistas emergentes, os quais rapidamente o submeteriam a seus interesses, mas de uma forma muito particular.

Ao contrário da relação de dominação/submissão que caracterizou o processo global de colonização da Ásia e da África pelas potências europeias na fase de expansão e auge do capitalismo[131] e que acabaria nas lutas de libertação que atualmente estão encerrando o seu ciclo, a hegemonia exercida pelos países centrais sobre a América Latina adquiriu contornos mais complexos,

---

130 Com exceção do Haiti (é interessante ler *El siglo de las luces* de Carpentier), o qual, contudo, não poderia fugir à involução, como não o puderam as colônias auríferas das Minas Gerais, cuja decadência nos choca, até compreendermos que a partir de inícios do séc. XIX elas não tinham nada mais a oferecer aos novos donos do mundo, necessitados por esta época não tanto de ouro mas de produtos alimentícios do vários tipos.

131 V. as obras clássicas de Franz Fannon, Albert Memmi e Georges Balandier.

mais sutis e, pelo menos na superfície, menos brutais e menos nítidos.[132]

Se é verdade que na Malásia inglesa e na Indochina francesa a expansão capitalista e imperialista encontrou sua base em poderosas, se bem que numericamente restritas, burguesias mercantis locais cujos interesses correspondiam aos das metrópoles, estas foram exceções, e tardias. A dominação da Ásia e da África sempre exigiu, regra geral, a ocupação militar direta ou o estabelecimento de um aparato político diretamente controlado pelo ocupante. Ora, na América Latina ocorreu exatamente o inverso. Dada uma situação específica, cujo dado fundamental era a existência de um aparato administrativo mais ou menos eficiente, herdado dos espanhóis e portugueses, montado nas cidades da costa e com ramificações pelo interior, os Estados capitalistas centrais – Inglaterra e França, em particular – preferiram, por várias razões que aqui não podem ser explanadas, exercer uma hegemonia indireta – nem por isto menos rígida ou menos rendosa – e renunciar à colonização militar e administrativa.[133]

Se na Ásia, por exemplo, a burguesia das feitorias mercantis jamais conseguiu fugir à contradição radical

---

132 Se exceptuarmos, evidentemente, as guerras do Paraguai, a do Pacífico e a do Chaco. V. GALEANO, Eduardo. *Las venas abiertas de América Latina*.

133 Geralmente se satisfaziam com a administração financeira, o que era suficiente, como o provaria o financiamento da Guerra do Paraguai pela Baring Brothers ou *O capital financeiro*, de Hilferding, para não citar outros autores mais conhecidos. Um certo Ulianov, por exemplo...

entre a cultura autóctone e a cultura colonialista da
Europa branca – que permitia a identificação do colonizado com os interesses do colonizador em termos
econômicos e comerciais mas barrava a identificação
cultural, levando, cedo ou tarde, à sua autodestruição
mais absoluta, resultado evidente de uma esquizofrenia
histórico-cultural –, na América Latina as classes dominantes (das cidades da costa) eram de extração europeia e branca, se bem que não burguesa.

Daí se compreende por que, enquanto se manteve
a coerência ideológica da burguesia capitalista e expansionista europeia, as elites das cidades da costa latino
-americana sempre conseguiram manter-se incólumes
cultural e psicologicamente, em virtude não da submiss-
são absoluta do colonizado típico da Ásia ou da África
– submissão que explodiria sem deixar vestígios quando o colonizado se rebelasse e expulsasse o colonizador
– mas em virtude do que chamo de *ilusão de identidade*. Esta *ilusão de identidade*, branca e europeia, evidentemente, caracteriza o que qualifico de *secundariedade
do ser semicolonizado latino-americano,* que corresponde, em termos culturais/ontológicos, à sua condição de
elemento economicamente passivo na expansão do capitalismo central.

Nada melhor para exemplificar esta ilusão sempre
incompleta de identidade do que as sucessivas *recicla-
gens* do pensamento das elites semicolonizadas latino-
americanas ao sabor dos reordenamentos sucessivos

que ocorriam nos centros europeus. No fundo desta procura constante do *novo*, do *recente*, do último livro e do último bocejo de um europeu entediado qualquer estava a angústia do semicolonizado em busca da identidade do colonizador, que ele pensava ser também a sua mas que o desnorteava pelas reviravoltas constantes, das quais, coitado, ele nada entendia em sua situação de *ser secundário* mas, no fundo, feliz com a *atualização* conseguida. Até a próxima, evidentemente, quando a busca recomeçava, num suplício de Tântalo em que, é claro, as editoras do colonizador em Paris e Londres também se sentiam felizes, com suas enormes tiragens.

O alegre suplício terminaria – para dar lugar a um verdadeiro – e a angústia deixaria de ser provocada pelo dramático receio de perder o mais recente espirro do colonizador quando a coerência ideológica deste começasse a desaparecer, em particular a partir de 1914, quando as guerras interimperialistas lançaram a Europa no caos.[134] A partir de então se tornou impossível o controle ideológico dos semicolonizados latino-americanos, se bem que quase todos eles (para a felicidade de Paris, Londres e, depois, Washington e a CIA!) tenham permanecido virgens até hoje. Alguns, por outro lado, optaram por uma recolonização ao inverso, buscando, de maneira desorientada, em Moscou aquilo que a França eterna (Ah! Pigalle!) e a Velha Albion

---

134 V. BARRACLOUGH, Geoffrey. *Introdução à história contemporânea* e *Europa: uma revisão histórica*. Rio de Janeiro: Zahar, 1969 e 1972.

(Ah! O Derby de Epson!) não tinham mais condições de fornecer. Nem faltou a nós um Plínio Salgado, atraído pelas chamas que anunciavam um novo milênio (e era tempo!) para a raça ariana...

Eram os estertores do pensamento semicolonizado. A Europa afundava lentamente, levando consigo o mundo da burguesia de quatro séculos de vida e, no mínimo, um de hegemonia absoluta. Claro, pela força da inércia e da mediocridade parasitária, a *reflexão filosófica de prolongamento,* continuaria na América Latina dominando até o final dos anos 60 e até hoje as cátedras universitárias – através de múmias cujo estado de conservação nada deixa a desejar, tanto que conseguem andar. Mas, apesar disto, o mundo do ser semicolonizado estava condenado.

Eliminada – pela desagregação de sua coerência interna – a possibilidade de colonização ideológica que caracterizara a ocupação do continente pelos Estados capitalistas europeus, colonização que fora o instrumento através da qual se gerara a situação de secundariedade do ser latino-americano, este foi lançado na orfandade. É neste momento que ele percebe seu trauma natal, ou seja, a inadequação entre "a falsa erudição e a natureza", entre seus esquemas mentais/culturais procedentes da colonização ideológica e a realidade da periferia na qual estava inserido. Nascia assim, da desagregação do mundo semicolonial, a consciência infeliz do semicolonizado, consciência de que o artigo do prof. Gianotti é um exemplo dramático. Consciência também que passa a ser o ponto básico de partida para romper com o estatuto da semicolonização e para compreender que o fato de não suportarmos mais consumir filosofias alheias determina a necessidade de criarmos nossa própria filosofia, quer dizer, de identificarmos nosso próprio ser a partir da compreensão do processo histórico global do qual somos espectadores e devemos ser agentes: o ocaso da Europa branca, mercantil, industrial, capitalista e imperialista (e do etnocentrismo que a caraterizava) e a aurora de outros mundos na sua periferia, que deixa de sê-lo.

IV

Por tudo o que foi visto, o *filósofo* – no sentido quase acadêmico que a palavra parece adquirir no artigo do prof. Gianotti – jamais conseguiu ultrapassar a condição de semicolonizado, condição que, por definição, era inerente a seu posto de burocrata de uma instituição típica da sociedade dependente e semicolonial.[135] Prisioneiro

---

135 É neste contexto que deve ser analisado o que está acontecendo no Brasil e em toda a América Latina com as chamadas Faculdades de Filosofia, apesar de, aparentemente, ninguém ter-se dado conta ainda da real natureza do impasse que estas instituições vivem. Voltadas exclusivamente para uma *reflexão filosófica de prolongamento*, para um estudo acadêmico, quando não claramente rançoso, estas instituições poderiam ter – e tinham realmente – algum sentido ao tempo em que a cultura dependente semicolonial não entrara em crise, quer dizer, ao tempo da vigência absoluta dos valores do colonizador. A partir do momento em que a condição do *ser dependente e semicolonizado* é desvelada e assumida, tais instituições – que já eram *secundárias* e periféricas em relação às instituições centrais da mesma natureza – perderam qualquer sentido, tornando-se historicamente residuais. A *filosofia*, a *literatura*, a *sociologia* e a *psicologia* tradicionais

da *ilusão de identidade* e exemplo luminoso da *secundariedade* do ser latino-americano, o *filósofo* – sempre no sentido do artigo mencionado – só podia e só pode ser um divulgador do pensamento central. Claro, enquanto se manteve a coerência ideológica do colonizador e, portanto, a *ilusão de identidade* do semicolonizado latino-americano, este jamais se apercebeu de seu papel de repetidor mecânico de um discurso nascido em contextos sócio-históricos dos quais não possuía a mínima experiência real. Como ser *secundário*, como ser limitado que jamais acedera à experiência ontológica completa, a repetição mecânica era o papel lógico e adequado do semicolonizado. Nele o esforço para penetrar nos labirintos do pensamento do colonizador não provocava angústia – como hoje! – mas sim gerava a satisfação deslumbrada do servo que busca candidamente identificar-se com seu senhor. Esta identidade era uma ilusão, evidentemente, e mais cedo ou mais tarde deveria revelar-se como tal. E, quando assim se revelou, as palavras do colonizador tornaram-se vazias. A angústia apossou-se do semicolonizado ao perceber – depois da desagregação do mundo do colonizador – que já não era mais possível a repetição mecânica da palavra deste

---

pertencem a um tempo que é, definitivamente, passado, ao tempo da sociedade dependente semicolonial. A partir de agora apenas poderão servir, em sua intrínseca negatividade, ao projeto cultural neodependente e recolonizador da *burguesia consular* e de seus turiferários, com a bênção das burguesias hegemônicas dos países centrais. Tais instituições somente poderão readquirir sentido no caso de, rompendo com o passado já morto, se debruçarem sobre a realidade do ser latino-americano e brasileiro em sua radicalidade, quer dizer, em sua especificidade econômica, social, psíquica, cultural e artística.

nem a identificação com sua imagem. Era o momento da orfandade, da percepção de sua *secundariedade*. E é também o momento de, lançando ao mar o fardo da cultura semicolonial, aceder à plena experiência ontológica, quer dizer, à liberdade de ser homem, não pior nem melhor que outros, mas homem livre do jugo da colonização ideológica (às vezes nem só tão ideológica!) da Europa branca, mercantil, industrial, capitalista e imperialista. Então as palavras dos filósofos – em particular as dos filósofos do colonizador – surgirão transparentes porque iluminadas pela experiência do presente e pela compreensão do passado, o que, em última instância, significa: pela libertação do semicolonizado. Então a *filosofia* deixará de ser repetição mecânica ou experiência desorientada para tornar-se o que na verdade sempre foi: a reflexão do homem sobre si próprio e sobre o mundo circundante.

Que na década de 1970 o prof. Gianotti ainda não tenha percebido isto, tal só pode atribuir-se ou a uma visão de mundo de extração pequeno-burguesa, característica das classes médias parasitárias das cidades da costa atlântica brasileira, ou a uma formação escolástica cuja a-historicidade típica não tenha sido ainda totalmente pulverizada. No primeiro caso, se bem julgo, não há solução, como o mostra o grupo *estruturalista* brasileiro e sua tendência ao irracionalismo. No segundo, é bem possível que ao professor paulista seja dado superar o "amor de Swann". Mas para tanto será preciso que abandone a balela de que a filosofia sempre se alimentou do ócio. A não ser entre os letrados europeus após a consolidação da burguesia industrial-capitalista, parasitas todos eles, do proletariado interno e externo e coniventes com o estatuto colonialista, a não ser entre os ainda mais parasitas membros da burocracia universitária periférica, dedicada à impotente *reflexão filosófica de prolongamento* e à legitimação do papel das classes dirigentes, de cujas migalhas se alimentavam para não sucumbir, a não ser entre estes a filosofia nunca nasceu do ócio. Pelo contrário, em particular em tempos estremecidos, como os nossos, quase sempre nasceu da angústia. Hoje nascerá da angústia de nossa orfandade e, se assim quiser o prof. Gianotti, da angústia gerada pela consciência de *nosso* parasitismo em relação ao *nosso* proletariado e de nossa situação de latino-americanos em transes de libertação. Que nos protejam os numes de Alberdi, Martí, Mariátegui, Lima Barreto, Mário de Andrade e, apesar de tudo, de Tobias Barreto.[136]   (1976)

---

136 Este último pode ser considerado como um exemplo trágico dos resultados da colonização ideológica e da *secundaridade*. Renegando a colonização francesa, entregou-se ao estudo dos mestres alemães!... E, pensando escrever filosofia, produziu obras ilegíveis, devendo permanecer por aquilo a que certamente dera pouca ou nenhuma importância: seus geniais panfletos políticos contra o II Império, dos quais, infelizmente, parecem ter sobrado apenas alguns trechos. Suficientes, porém, para mostrar sua lucidez privilegiada.

Os ensaios aqui reunidos foram originalmente publicados nas seguintes obras:

1 – "Era uma vez a literatura", "*Grande sertão: veredas*: a obra, a história e a crítica" e "A desagregação da narrativa real-naturalista: crise cultural e ficção nos anos 70/80" *in Era uma vez a literatura...*, Porto Alegre: Ed. da Universidade/UFRGS, 1995.

2 – "A literatura brasileira no século XX: notas para uma leitura proveitosa" *in idem*. Porto Alegre: Mercado Aberto, 1984.

3 – "O romance europeu e o romance do Modernismo brasileiro" *in Aspectos do Modernismo brasileiro*. Porto Alegre: Ed. da Universidade/UFRGS, 1970.

4 – "Regionalismo, universalismo e colonialismo", "Dependência cultural: notas para uma definição", "Arte engajada: ópio do pequeno burguês ilustrado em crise", "A crítica de arte na América Latina" e "A filosofia dos semicolonizados" *in Dependência, cultura e literatura*. São Paulo: Ática, 1978.

5 – "A realidade em Kafka" *in A realidade em Kafka*. Porto Alegre: Ed. da Universidade/UFRGS, 1973.